REZEPTE ZUM GLÜCKLICHSEIN

REZEPTE ZUM GLÜCKLICHSEIN

GLUTENFREI KOCHEN MIT ELEANOR

ELEANOR OZICH

AUS DEM ENGLISCHEN VON ANNEGRET HUNKE-WORMSER
UND CLAUDIA THEIS-PASSARO

KNESEBECK

INHALT

EINFÜHRUNG

Der Begriff »einfach« findet heute, in unserer immer emsigen Zeit, nicht allzu oft die gebührende Anerkennung. Aber genau dieses eine Wort war es, das mich auf die Idee brachte, einen täglichen Blog zu schreiben mit einfachen und leicht umsetzbaren Rezepten. Als ich *Petite Kitchen* ins Leben rief, wollte ich nur meine Leidenschaft für gesundes, ganzheitliches Essen und meine Visionen anderen Menschen vermitteln. Jedes Rezept in diesem Buch beruht auf eigenen Erfahrungen, und so wird jedes Gericht so zubereitet, wie es von Natur aus sein sollte – nämlich einfach.

Der Weg zum einfachen Essen begann damit, dass unsere Tochter zunehmend unter schlimmen Hautproblemen litt. Alle Fachärzte, die wir konsultierten, hatten keine Erklärung für ihr Leiden. In unserer Verzweiflung suchten wir schließlich einen Heilpraktiker auf, der uns erklärte, dass Izabellas Darmflora gestört sei, was zur Bildung von Giftstoffen führe, die wiederum ursächlich für ihr Hautleiden seien. Dieser Ansatz schien mir einleuchtend, und so beschlossen wir, einen aufregenden und für uns ganz neuen Weg einzuschlagen, und nahmen uns vor, unsere Ernährung vollkommen umzustellen – nicht nur um unserer Tochter willen, sondern auch für uns selbst. Wir verbannten Gluten und nahezu alle Getreidesorten von unserem Speiseplan, außerdem raffinierten Zucker sowie sämtliche Zusatz- und Konservierungsstoffe und führten stattdessen eine einfache, unverdorbene Ernährungsweise ein, wie sie in unserer Generation weithin gar nicht mehr bekannt ist. Dieses einfache, natürliche Essen hat unserem kleinen Mädchen in überzeugender Weise geholfen. Es war unglaublich, welche Wirkung sie auch auf meinen Mann, meinen einjährigen Sohn und natürlich auch auf mich selbst hatte. Energie und positiver Schwung prägen heute unser Leben.

Rezepte zum Glücklichsein ist das Ergebnis dieser Veränderung. Es ist eine motivierende Erkenntnis, dass das Essen – jener Faktor, der so oft Übergewicht, Depression und Krankheiten auslöst – andererseits auch genau der richtige Ansatz ist, um Körper und Geist zu heilen, zu reinigen und zu stärken. Die Rezepte in diesem Buch passen zu allen Jahreszeiten, allen Gelegenheiten und eignen sich für die ganze Familie. Jedes ist sorgfältig ausgewählt und enthält naturbelassene Zutaten, sodass Sie sich an leckeren Genüssen erfreuen können, während Sie gleichzeitig Ihrem Körper etwas Gutes tun.

Ein gemeinsames Essen bringt die Menschen einander näher. Es ist etwas Besonderes und Wunderbares, eine Mahlzeit gemeinsam zu genießen, und daher sollte sie mit viel Liebe und Sorgfalt zubereitet werden.

Ich wünsche Ihnen Freude beim Blättern und Stöbern und hoffe, Sie bekommen Lust aufs Ausprobieren. Lassen Sie sich einfach ab und zu vollständig auf Ihre Küche ein, ruhig auch einmal einen ganzen Nachmittag. Dann werden Sie vielleicht die gleiche Freude und das gleiche Glück genießen dürfen, wie sie unserer kleinen Familie zuteilgeworden sind.

Eleanor Ozich

ANMERKUNG DER AUTORIN

Ich habe bei jedem Rezept angemerkt, ob es Gluten oder Milchprodukte enthält, ob es für Vegetarier oder Veganer geeignet ist oder mehrere Kriterien erfüllt. Ist ein Rezept nicht glutenfrei, so habe ich eine alternative Zutat angegeben, um es glutenfrei zubereiten zu können. Ich persönlich bevorzuge indisches Ghee als Speisefett. In Deutschland wird man aus Kostengründen eher zu Butter oder Butterschmalz greifen. Wer auf seinen Cholesterinspiegel achten muss oder mediterrane Geschmacksrichtungen bevorzugt, sollte natives Olivenöl verwenden.
Die Rezepte sind wie folgt gekennzeichnet:

GF: glutenfrei

MPF: milchproduktefrei

VEG: für Vegetarier geeignet

V: für Veganer geeignet

FRÜHSTÜCK

Gemeinsam um den Frühstückstisch zu sitzen ist der beste Start in den neuen Tag. Die hier vorgestellten Rezepte kann man oft schon am Vorabend zubereiten, angefangen mit dem Kokos-Birchermüesli und der Chia-Kokos-Creme bis hin zu leckeren Gerichten wie Buchweizen-Porridge mit Muskatnuss, Apfel und gehackten Haselnusskernen und meinem persönlichen Lieblingsgericht, Frittata mit karamellisierten Schalotten und Büffelmozzarella oder einem herrlichen Pilzomelette – der perfekte Genuss für ein Wochenendfrühstück.

Ich wandle klassische Frühstücksrezepte gerne mit neuen Texturen und Aromen ab. Machen Sie es mir einfach nach und fügen Sie hinzu, worauf Sie gerade Lust haben, ob Trockenfrüchte, Kokosraspel oder gehackte Nüsse. Wie auch immer Ihr ganz persönliches Frühstück aussieht, ich bin sicher, Sie werden hier ein oder zwei Vollwertrezepte finden, die Sie ansprechen.

EIERTÖPFCHEN MIT MUSKAT-CRÈME FRAÎCHE

Diese unglaublich leckeren Eiertöpfchen sind ganz einfach zu machen. Sie ähneln einem getoasteten Sandwich, nur in Form eines Muffins, mit einem weichen Ei darin. Unsere Kinder sind ganz verrückt danach.
Diese vorgestellte Version ist vegetarisch, es schmeckt aber auch göttlich mit etwas Prosciutto crudo oder gekochtem Schinken.

FÜR 6 PERSONEN ❖ GF, VEG

125 g Crème fraîche
2 EL Dijonsenf
½ TL frisch gemahlene Muskatnuss
Meersalz und Pfeffer aus der Mühle
6 Scheiben glutenfreies Brot
3 EL Ghee oder Butter, zerlassen, oder Olivenöl
6 Bio-Eier
1–2 EL Thymianblätter oder gehackte glatte Petersilie

Den Backofen auf 180 °C vorheizen. Die Crème fraîche, den Senf und die Muskatnuss mit einer Prise Meersalz und frisch gemahlenem schwarzem Pfeffer in eine kleine Schüssel geben. Mit einem Schneebesen gründlich verrühren und beiseitestellen.

Die Brotscheiben von beiden Seiten mit einer Teigrolle etwas auswalzen und jede Seite mit etwas zerlassenem Ghee bepinseln. Das Brot mit den Händen vorsichtig in sechs Muffinmulden normaler Größe drücken. Es sollte dabei nicht zerreißen.

Vorschichtig in jede Brotmulde jeweils 1 Ei aufschlagen, dann 2 Esslöffel der Crème-fraîche-Mischung darübergeben.

Das Ganze mit den Kräutern bestreuen und im heißen Ofen etwa 15 Minuten backen, je nachdem, wie fest das Ei werden soll. Sofort servieren.

CHEDDAR-QUINOA-MUFFINS MIT BASILIKUM

Ein runder, gesunder Genuss sind diese warm servierten Quinoa-Muffins mit Käse und der Süße sonnengetrockneter Tomaten. Ich mache zum Frühstück immer gleich ein paar mehr davon und bewahre einige für einen späteren Imbiss auf. Die Muffins eignen sich auch wunderbar kalt für ein sommerliches Picknick.

ERGIBT 6 MITTELGROSSE ODER 12 KLEINE MUFFINS ❖ GF, VEG

- 540 g vorgegarte Quinoa (siehe Tipp)
- 4 Bio-Eier, leicht verquirlt
- 100 g Cheddarkäse, gerieben
- 2 große Handvoll Basilikum, grob gehackt
- 40 g getrocknete Tomaten, fein gehackt
- Meersalz und Pfeffer aus der Mühle

Den Backofen auf 180 °C vorheizen. Die Muffinmulden mit passenden Papierförmchen auslegen. Für sechs normale Muffins sechs Mulden einer Standard-Muffinform verwenden, für zwölf kleine eine Mini-Muffinform.

Alle Zutaten in eine große Rührschüssel geben. Eine kräftige Prise Meersalz und frisch gemahlenen schwarzen Pfeffer dazugeben und alles mit den Händen gründlich vermengen.

Die Masse auf die Muffinmulden verteilen und etwa 25 Minuten backen, bis bei der Stäbchenprobe kein Teig haften bleibt.

TIPP

Falls keine vorgegarte Quinoa zur Verfügung steht, 150 g Quinoa unter fließendem Wasser spülen, mit 375 ml Gemüsebrühe in einen Topf geben und auf mittlerer Stufe aufkochen lassen. Die Hitze reduzieren und die Quinoa zugedeckt 12–15 Minuten quellen lassen, bis sie die Flüssigkeit aufgenommen hat. Die Körner mit einer Gabel oder einem Löffel umrühren und weitere 10 Minuten ziehen lassen. Dies sollte für diese Muffins die richtige Menge an gegarter Quinoa ergeben.

PILZ-OMELETT MIT PARMESAN

Diese locker-leichten Omeletts werden beim Backen im Ofen doppelt so groß und erfüllen die ganze Küche mit einem herrlichen Aroma. Ideal zu einem ausgiebigen Sonntagsbrunch mit knusprig gebratenen Speckstreifen und einem knackigen grünen Salat.

FÜR 3–4 PERSONEN ❖ GF, VEG

6 Bio-Eier
etwas Meersalz
2 EL Ghee, Butter oder Olivenöl
180 g Portobello-Pilze, in feine Scheiben geschnitten
Pfeffer aus der Mühle
1 Bund glatte Petersilie, grob gehackt
3 EL frisch geriebener Parmesan
1 EL Zitronensaft
Etwas natives Olivenöl extra zum Servieren

Den Backofen auf 180 °C vorheizen. Die Eier aufschlagen und trennen. Das Eiweiß mit einer Prise Salz in eine saubere Schüssel geben und mit einem Handrührgerät zu steifem Schnee schlagen.

In einer anderen Schüssel die Eigelbe etwa eine Minute lang mit einem Schneebesen zu hellem Schaum verquirlen. Die Hälfte des Eischnees gleichmäßig unter die Eigelbmasse ziehen. Dann behutsam den restlichen Eischnee unterheben.

Das Ghee auf mittlerer Stufe in einer großen ofenfesten Pfanne erhitzen. Die Pilze mit einer Prise Meersalz und frisch gemahlenem schwarzem Pfeffer hineingeben und etwa 10 Minuten anbraten, bis sie schön braun und weich sind.

Die Eimischung über die Pilze gießen. Das Ganze mit der Petersilie und der Hälfte des geriebenen Parmesans bestreuen und im heißen Ofen etwa 5 Minuten backen, bis das Omelett goldgelb und gut aufgegangen ist.

Das Omelett mit dem restlichen Parmesan bestreuen, mit Zitronensaft und Olivenöl beträufeln und sofort servieren.

KRÄUTERFRÜHSTÜCK MIT STECKRÜBE, PANCETTA UND PARMESAN

Dieses Rezept gehört zu meinen Frühstücksfavoriten und eignet sich prima zur Verwertung von Gemüseresten. Hier kommt gebratene Steckrübe zum Einsatz, genauso gut kann man aber auch andere Wurzelgemüse nehmen, und statt Spinat eignen sich auch andere dunkle Blattgemüse. Lässt man den Parmesan weg, ist das Ganze auch frei von Milchprodukten.

FÜR 2–4 PERSONEN ❖ GF

400 g gebratene Steckrüben
2 große Handvoll frischer Blattspinat
6–8 Streifen Pancetta oder Prosciutto crudo
4 Bio-Eier
1 Handvoll frische Kräuter, beispielsweise Basilikum, glatte Petersilie und Schnittlauch
50 g Parmesan, frisch gerieben
Meersalz und schwarzer Pfeffer aus der Mühle
Etwas natives Olivenöl extra zum Beträufeln

Den Backofen auf 180 °C vorheizen. Die Steckrüben fein hacken, den Spinat waschen und trocken schütteln.

Eine große ofenfeste Pfanne erhitzen und Steckrüben, Pancetta und Spinat gleichmäßig in der warmen Pfanne verteilen.

Vier kleine Mulden in die Masse drücken und in jede davon ein Ei aufschlagen. Das Ganze mit den Kräutern und dem Parmesan bestreuen, salzen und pfeffern, mit etwas Olivenöl beträufeln und im heißen Ofen 15–20 Minuten backen, je nachdem, wie fest das Ei werden soll.

DIE BESTEN BAKED BEANS

Diese aromatischen Baked Beans schmecken zu jeder Tages- und Nachtzeit – als Frühstück, Mittag- oder Abendessen. Und bei Kindern kommen sie immer gut an. Ich bin sicher, mit diesem Rezept wird sich jeder mit diesem Klassiker anfreunden können. Kräuter und Gewürze können ganz nach Lust und Laune für den besonderen Pfiff sorgen. Ich bereite gern die doppelte Menge zu, dann hat man immer eine schöne Mahlzeit in Reserve, ohne kochen zu müssen.

FÜR 4 PERSONEN ❖ GF, MPF (ohne Ghee oder Butter), VEG (wenn mit Gemüsebrühe), V (ohne Ghee, Butter und Geflügelbrühe)

1 Lauchstange, nur das Weiße
6 Knoblauchzehen
1 Handvoll Thymianzweige
2 EL Ghee, Butter oder Olivenöl
1 l hausgemachte Geflügel- oder Gemüsebrühe (siehe Seite 206)
125 g Tomatenmark
1 Dose weiße Bohnen oder Cannellini-Bohnen (400 g)
Meersalz und schwarzer Pfeffer aus der Mühle

Den Lauch putzen und waschen. Das Weiße längs halbieren und fein hacken. Den Knoblauch schälen, den Thymian abzupfen und beides grob hacken.

Das Ghee in einem großen Topf auf mittlerer Stufe erhitzen. Den Lauch und den Knoblauch 10 Minuten darin anbraten, bis beides weich und leicht gebräunt ist.

Den Thymian, die Brühe, das Tomatenmark und die Bohnen dazugeben, aufkochen lassen und bei schwacher Hitze offen 35–45 Minuten köcheln lassen, bis die Flüssigkeit um die Hälfte eingekocht ist. Die Sauce sollte schön sämig sein.

Die Baked Beans mit Meersalz und frisch gemahlenem schwarzem Pfeffer abschmecken. Sie halten sich in einer Frischhaltebox im Kühlschrank 1 Woche.

FRITTATA MIT KARAMELLISIERTEN SCHALOTTEN UND BÜFFELMOZZARELLA

Schalotten in Honig und Thymian verleihen dieser herzhaften Frittata eine süße und aromatische Note. Mit sahnigem Büffelmozzarella ist sie ein Genuss. Mit einem grünen Salat wird daraus eine kleine Mahlzeit, und kalt eignet sie sich bestens für ein Picknick.

FÜR 2 PERSONEN ❖ GF, VEG

10 Schalotten
2 EL Thymianblätter, zusätzlich einige ganze Zweige zum Garnieren
4 EL Ghee, Butter oder Olivenöl
Meersalz und schwarzer Pfeffer aus der Mühle
2 EL Honig, Ahorn- oder Agavensirup
4 Bio-Eier, leicht verquirlt
150 g frischer Büffelmozzarella, grob zerpflückt

Den Backofen auf 200 °C vorheizen. Die Schalotten schälen und grob hacken. Den Thymian fein hacken.

Das Ghee bei mittlerer Hitze in einer Pfanne zerlassen, bis es aufschäumt. Die Schalotten, den Thymian und eine Prise Meersalz sowie frisch gemahlenen schwarzen Pfeffer dazugeben und 10–12 Minuten anbraten, bis die Schalotten weich und leicht gebräunt sind.

Die Temperatur reduzieren und den Honig über die Schalotten träufeln. Weitere 8–10 Minuten unter gelegentlichem Umrühren braten, bis die Schalotten schön karamellisiert sind. Keinesfalls anbrennen lassen, notfalls mit etwas Wasser ablöschen.

Die Schalotten-Thymian-Mischung in eine kleine Quicheform (etwa 20 cm Durchmesser) geben und glatt streichen. Die verquirlten Eier darüber gießen und dann die Mozzarellastücke sowie die zusätzlichen Thymianstängel darüber verteilen.

Die Frittata im heißen Ofen etwa 10 Minuten überbacken, bis die Eier gestockt und an der Oberfläche goldgelb sind. Heiß oder kalt servieren.

KERNIGES KOKOSMÜSLI MIT CHIA-SAMEN

65 g Kokosraspel
75 g getrocknete Cranberrys (oder andere Trockenfrüchte nach Geschmack)
40 g Kürbiskerne
2 EL Chia-Samen (auch Mohnsamen eignen sich gut)
65 g Mandelblättchen
70 g gemahlene Nusskerne nach Geschmack
40 g Sonnenblumenkerne

Ein herrliches kokosnussiges, süßes und knusprig-kerniges Müsli. Dazu passt jede Art von Milch, und wenn es besonders fein werden soll, auch ein extra Klecks Joghurt, ein Spritzer Honig und etwas frisches Obst. Die Mengen lassen sich problemlos verdoppeln oder verdreifachen.

FÜR 6–8 PERSONEN ❖ GF, MPF, VEG, V

Alle Zutaten in einer großen Schüssel vermischen und in ein luftdicht verschließbares Glas füllen.

Das Müsli hält sich an einem kühlen, lichtgeschützten Ort bis zu 6 Monate.

DIE BESTEN GEBACKENEN BANANEN

Diese feinen gebackenen Bananen, die man ohne Reue zum Frühstück oder zum Nachtisch genießen kann, werden mit Honig und Zitronensaft beträufelt und mit Zimt gewürzt. All diese einfachen Aromen ergänzen sich wunderbar, und jeder Bissen wird zum unvergleichlichen Genuss.

FÜR 3–4 PERSONEN ❖ GF, MPF, VEG, V (ohne Honig)

4 Bananen
115 g Honig oder 80 ml Ahorn- oder Agavensirup
Saft von 1 Zitrone
2 TL gemahlener Zimt
Etwas Naturjoghurt

Den Backofen auf 180 °C vorheizen. Die Bananen waschen und ungeschält längs halbieren. Ein Backblech mit Backpapier auslegen und die Bananenhälften mit der Schale nach unten darauf legen. Mit dem Honig und dem Zitronensaft beträufeln und mit dem Zimt bestreuen.

Die Bananen 30–35 Minuten backen, bis sie goldgelb und leicht karamellisiert sind. Warm nach Belieben mit einem Klecks Naturjoghurt servieren.

DATTEL-NUSS-BROT

Dieses köstlich lockere und saftige Dattelbrot besteht voll und ganz aus nahrhaften, vollwertigen Zutaten, und das Nussmus sorgt dabei für eine unvergleichliche Konsistenz. Das Brot lässt sich sehr gut schneiden und schmeckt am besten dick mit Butter und Konfitüre bestrichen.

ERGIBT 10–12 SCHEIBEN ❖ GF, MPF, VEG

160 g Medjool-Datteln
375 g Nussmus
4 Bio-Eier
1 TL Backnatron (Kaisernatron)
1 EL Apfelessig
1 Handvoll Mandelblättchen zum Garnieren (nach Belieben)

Die Datteln entkernen und in reichlich Wasser über Nacht einweichen.

Den Backofen auf 150 °C vorheizen. Eine 22 x 12 cm große Kastenform mit Backpapier auslegen.

Die Datteln abtropfen lassen und zusammen mit dem Nussmus, den Eiern, dem Backnatron sowie dem Essig in eine große Schüssel geben und mit einem Kartoffelstampfer gründlich zu einer glatten Masse verkneten. Das geht auch sehr gut in der Küchenmaschine.

Die Masse in die Kastenform füllen, nach Belieben mit den Mandelblättchen bestreuen und im heißen Ofen 40–50 Minuten backen, bis bei der Stäbchenprobe kein Teig mehr haften bleibt.

Das Dattel-Nuss-Brot am Ende der Backzeit aus dem Ofen nehmen, in der Form abkühlen lassen und auf ein Kuchengitter stürzen.

Das Brot hält sich in einem luftdichten Behälter 3–4 Tage und kann eingepackt in Alufolie oder Frischhaltefolie bis zu 2 Monate eingefroren werden.

KOKOSNUSS-CRÊPES MIT BANANE UND AHORNSIRUP

Das Kokosmehl verleiht diesen leckeren süßen Crêpes neben einer feinen Nussnote auch eine lockere Konsistenz. Als natürlicher Eiweiß- und Ballaststofflieferant sorgt dieses leckere Frühstücks- oder Brunchrezept für ein gutes Sättigungsgefühl und mausert sich vielleicht zu Ihrem neuen Lieblingsrezept.

FÜR 2 PERSONEN ❖ GF, MPF (ohne Kuhmilch und Butter), VEG

2 Bananen
45 g Kokosmehl
4 Bio-Eier
160 ml Nussmilch (Seite 225) oder eine andere Milchart nach Belieben
60 ml natives Kokosöl extra oder Butter, zerlassen, plus etwas zusätzlich zum Einfetten
Etwas Meersalz
Etwas Ahornsirup zum Anrichten
Etwas Kokosraspel zum Bestreuen

Die Bananen schälen und in Scheiben schneiden. Das Kokosmehl, die Eier, die Milch und das Kokosöl mit einer Prise Meersalz in die Küchenmaschine geben und zu einem glatten Teig verarbeiten.

Eine große Pfanne mit etwas zusätzlichem Kokosfett einfetten und auf niedriger Stufe erhitzen. Einen Schöpflöffel Teig mittig in die Pfanne gießen und diese nach allen Seiten schwenken, um den Teig gleichmäßig über den Pfannenboden zu verteilen. Die Crêpes in 1–2 Minuten goldgelb backen, wenden und in weiteren 1–2 Minuten fertig backen.

Mit dem restlichen Teig ebenso verfahren. Die fertigen Crêpes (vier oder fünf Stück) warm halten.

Die Crêpes mit den Bananenscheiben füllen, mit Ahornsirup beträufeln, mit Kokosraspel bestreuen und servieren.

FRISCHE BEERENSCHALE

Dieses wunderbar sämige, seidenweich-cremige Frühstück mit rohen Beeren birgt ein kleines Geheimnis – Avocado. Sie sorgt für die richtige Portion pflanzlichen Fetts. Ich mag dieses Frühstück besonders gerne im Sommer. Es schmeckt herrlich leicht und spendet dennoch reichlich Energie. Der perfekte Start in den Tag.

FÜR 2 PERSONEN ◈ GF, MPF (ohne Milchprodukte), VEG, V (ohne Kuhmilch, Sahne oder Joghurt und Honig)

1 Avocado
250 g tiefgefrorene Beeren
Saft von 1 Zitrone
2 EL Honig, Ahorn- oder Agavensirup
250 ml Nussmilch (Seite 225) oder eine andere Milchart nach Belieben
Etwas Kokoscreme, Sahne oder Naturjoghurt, zum Servieren

Die Avocado halbieren, den Kern herauslösen, das Fruchtfleisch mit einem Löffel herausschaben und grob hacken.

Die Beeren, das Avocadofleisch, den Zitronensaft, den Honig und die Nussmilch in einen Mixer geben. Zu einer glatten, cremigen Masse verarbeiten und nach Belieben süß abschmecken.

Die Beerencreme in Schalen anrichten und mit einem Klecks Kokoscreme, Sahne oder Joghurt servieren.

CHIA-KOKOS-CREME

Diese sahnig-süße Creme ist so nahrhaft, dass sie wunderbar zum Frühstück, als leichter Imbiss oder sogar als feines Dessert gegessen werden kann. Grundlage ist Kokosmilch, gesüßt mit einem Hauch Honig, daher enthält die Creme weder raffinierten Zucker noch Milchprodukte oder Gluten. Und was für mich das Tollste ist, hier wird nichts gekocht – einfach alle Zutaten in ein Glas geben, quellen lassen und dann genießen.

FÜR 3–4 PERSONEN ❖ GF, MPF, VEG, V (ohne Honig)

1 Dose Kokosmilch (400 ml)
35 g Kokosraspel
40 g Chia-Samen
2 EL Honig, Ahorn- oder Agavensirup
1 TL gemahlener Zimt, plus etwas zum Anrichten
1 TL Vanilleextrakt oder das herausgeschabte Mark einer Vanilleschote
Frisches Obst zum Anrichten

Die Kokosmilch, die Kokosraspel, die Chia-Samen, den Honig, den Zimt und die Vanille in eine Glasschüssel oder ein Einmachglas geben, gut verrühren und im Kühlschrank über Nacht oder mindestens zwei Stunden durchziehen lassen.

Mit frischen Früchten und einer Prise Zimt servieren.

BUCHWEIZEN-PORRIDGE MIT MUSKAT, APFEL UND HASELNÜSSEN

Das rundum wohltuende Buchweizen-Porridge hat eine ungewöhnliche, aber tolle Konsistenz. Äpfel und Zimt bringen den nussigen Eigengeschmack des Buchweizens zur Geltung. Mit bunten Beeren nach Wahl servieren und nach Belieben Naturjoghurt oder Milch dazu reichen.

FÜR 4 PERSONEN ❖ GF, MPF, VEG, V

300 g Buchweizen
750 ml Kokosnusswasser, Nussmilch (Seite 225) oder Hafermilch (Seite 224)
2 Äpfel
1 TL frisch gemahlene Muskatnuss
2–3 EL Honig, Ahorn- oder Agavensirup
Etwas Meersalz
2 EL grob gehackte Haselnusskerne
Frische oder aufgetaute Beeren nach Belieben

Den Buchweizen unter fließendem Wasser abspülen, abtropfen lassen und in einen mittelgroßen Topf geben. Das Kokosnusswasser oder eine der Milchsorten, ersatzweise auch Wasser angießen. Die Äpfel reiben. Äpfel, Muskatnuss, Honig und eine Prise Meersalz zum Buchweizen geben.

Das Ganze aufkochen lassen und bei schwacher Hitze offen unter häufigem Rühren 20–25 Minuten kochen lassen, bis der Buchweizen die Flüssigkeit vollständig aufgenommen hat.

Das Porridge mit den Haselnusskernen bestreuen und mit Beeren nach Belieben garnieren. Warm servieren.

BUCHWEIZEN-PFANNKUCHEN MIT ORANGEN UND HONIG

Buchweizen hat trotz seines Namens nichts mit Getreide zu tun. Es handelt sich hierbei um eine Samenfrucht, die glutenfrei, nahrhaft und energiespendend ist. Diese Pfannkuchen haben eine leichte, luftige Konsistenz und ein zart nussiges Aroma. Sie passen hervorragend zu Zitrusfrüchten und sind wie gemacht, um Honig, Ahornsirup oder Dattelsirup aufzustippen.

FÜR 2–3 PERSONEN ❖ GF, MPF (ohne Milch), VEG

- 130 g Buchweizenmehl (oder zur Hälfte mit einem anderen glutenfreien Mehl gemischt)
- 310 ml Nussmilch (Seite 225) oder eine andere Milchart nach Belieben
- 2 Bio-Eier
- 2 EL Honig, Ahorn- oder Dattelsirup
- 1 TL Backnatron (Kaisernatron)
- Etwas Meersalz
- Etwas natives Kokosfett, Ghee oder Butter zum Backen
- 2–3 Bio-Orangen
- Etwas geschlagene Sahne, Mascarpone, Naturjoghurt oder aufgeschlagene Kokoscreme nach Belieben

Das Mehl mit der Nussmilch, den Eiern, 1 Esslöffel Honig, dem Backnatron und einer Prise Meersalz in eine große Schüssel geben. Mit dem Handrührgerät oder der Küchenmaschine zu einem glatten Teig verrühren.

Etwas Butter oder Kokosfett oder Ghee auf mittlerer Stufe in einer großen Pfanne erhitzen. Jeweils 1 großen Esslöffel Teig für einen Pfannkuchen in die Pfanne geben – der Platz sollte für jeweils drei Pfannkuchen gleichzeitig ausreichen. Die Pfannkuchen von jeder Seite in 1–2 Minuten goldgelb backen und warm stellen. Mit dem restlichen Teig ebenso verfahren.

Die Orangen schälen und filetieren. Die Pfannkuchen mit den Orangenfilets und der Schlagsahne oder Kokoscreme anrichten und mit dem restlichen Honig beträufeln.

KOKOS-BIRCHERMÜSLI

Unkomplizierter kann ein Müsli eigentlich nicht sein: alle Zutaten am Abend zuvor in ein Einmachglas geben und nach dem Aufstehen ein köstlich cremiges und nahrhaftes Frühstück genießen. Ich habe dieses Rezept relativ schlicht gehalten, da in meinen Augen keine ausgefallenen Zutaten nötig sind. Aber natürlich kann es nach Lust und Laune mit Trockenfrüchten und ein paar Nüssen aufgepeppt werden.

FÜR 2 PERSONEN ❖ GF, MPF, VEG, V

100 g Haferflocken
375 ml Kokosmilch
35 g Kokosraspel
Etwas Meersalz
Etwas Honig, Ahorn- oder Dattelsirup

Die Haferflocken, die Kokosmilch und die Kokosraspel mit einer Prise Meersalz gut vermengen und zugedeckt über Nacht im Kühlschrank quellen lassen.

Das Müsli mit beliebigen Früchten und Nüssen anrichten und nach Geschmack mit Honig beträufeln.

LEICHTE GERICHTE

Die folgende Rezeptsammlung enthält eine Reihe unkomplizierter Gerichte mit einfachen Zutaten, die dafür sorgen, dass alle Aromen bestens zur Geltung kommen. Jedes Rezept wurde mit dem Anspruch erstellt, sowohl die Gesundheit zu fördern als auch den Geschmackssinn anzuregen.

Sie finden in diesem Kapitel eine Vielzahl bunter Salate, verlockender Suppen und köstlicher Gemüsegerichte, die als komplette Mahlzeit dienen können, aber auch als Beilage zu einem Hauptgericht eine gute Figur machen.

SÜSSKARTOFFEL-MÖHREN-SUPPE MIT CASHEWKERNEN

Eine sämige, goldgelbe Suppe mit einem feinen Hauch Süße, die sehr einfach zuzubereiten ist. Die Cashewkerne sorgen für die cremige Konsistenz und der Knoblauch für den besonderen Kick.

FÜR 4 PERSONEN ❖ GF, MPF (ohne Milchprodukte), VEG (bei Verwendung von Gemüsebrühe), V (bei Verwendung von Gemüsebrühe und ohne Milchprodukte)

3 große Süßkartoffeln
3 große Möhren
1,5 l hausgemachte Gemüse- (Seite 207) oder Geflügelbrühe (Seite 206)
2 Knoblauchzehen, geschält
150 g Cashewkerne, geröstet
Etwas Meersalz und schwarzer Pfeffer aus der Mühle
Sauerrahm, Crème fraîche oder Naturjoghurt zum Servieren
Natives Olivenöl extra zum Beträufeln (nach Belieben)

Die Süßkartoffeln und die Möhren schälen, grob hacken und in einen Topf geben. Die Brühe angießen, alles aufkochen lassen und bei schwacher Hitze etwa 30 Minuten köcheln lassen, bis das Gemüse gar ist und die Flüssigkeit leicht eingekocht ist.

Die Suppe 5 Minuten abkühlen lassen, dann den Knoblauch und den größten Teil der Cashewkerne dazugeben (einige davon zum Garnieren der Suppe beiseitelegen). Alles im Mixer oder mit dem Pürierstab zu einer glatten Creme verarbeiten und mit Meersalz und Pfeffer abschmecken.

Die Suppe wieder erwärmen und auf Suppenteller verteilen. Einen Klecks Sauerrahm, Crème fraîche oder Joghurt sowie die restlichen Cashewkerne daraufgeben und nach Belieben mit etwas schwarzem Pfeffer übermahlen und mit Olivenöl beträufeln.

KALTE GURKEN-JOGHURT-SUPPE MIT MINZE

Diese kalte Suppe mit ihrem Hauch Minze ist nicht nur an einem heißen Sommertag herrlich erfrischend, sondern schmeckt als Vorspeise eigentlich immer. Sie ist leicht, macht satt und sieht dazu noch toll aus. Der Joghurt sorgt für eine feine Säure und die Avocado für eine seidige Konsistenz. Soll die Suppe vegan oder milchfrei sein, kann statt Joghurt Kokosmilch verwendet werdet.

FÜR 4 PERSONEN ❖ GF, VEG

2 Schlangengurken
2 Avocados
300 g Naturjoghurt (3,5% Fettgehalt), plus etwas zum Servieren
1 Handvoll Minzeblätter, plus einige zum Garnieren
Meersalz und schwarzer Pfeffer aus der Mühle

Die Gurken schälen, entkernen und grob hacken. Die Avocados schälen, halbieren, den Kern herauslösen und das Fruchtfleisch herausschaben.

Die Gurke, 240 g Joghurt, das Avocadofleisch und die Minze zusammen mit einer Prise Meersalz und frisch gemahlenen schwarzen Pfeffer im Mixer oder mit dem Pürierstab glatt pürieren. Sollte die Suppe zu dickflüssig sein, etwas Wasser unterrühren.

Die Suppe auf tiefe Teller verteilen, mit dem restlichen Joghurt und den restlichen Minzeblättern garnieren und mit reichlich schwarzem Pfeffer übermahlen.

PASTINAKEN-KNOBLAUCH-SUPPE

Diese aromatische, seidige Suppe ist sehr nahrhaft und ein wahrer Balsam für die Seele. Das Rösten von Knoblauch und Pastinaken im Ofen vor der Zubereitung sorgt für ein kräftiges Aroma, und anschließend werden die Pastinaken durch Zitrone und Honig bestens zur Geltung gebracht. Für eine vegetarische Version einfach Gemüsebrühe anstelle der Geflügelbrühe verwenden.

FÜR 4 PERSONEN ❖ GF, MPF

6 Pastinaken
1 Knoblauchknolle
2 EL Honig, Ahorn- oder Agavensirup
3 EL natives Olivenöl extra
Meersalz und Pfeffer aus der Mühle
0,75–1 l hausgemachte Geflügelbrühe (Seite 206)
Saft von ½ Zitrone
1 EL Thymianblättchen zum Garnieren

Den Backofen auf 180 °C vorheizen. Die Pastinaken schälen und längs in Scheiben schneiden. Die Knoblauchzehen schälen und mit der flachen Messerklinge leicht zerdrücken. Beides auf einem großen Backblech verteilen, mit dem Honig oder Sirup und 2 Esslöffeln Olivenöl beträufeln, salzen, pfeffern und im heißen Ofen 30–40 Minuten backen, bis das Gemüse goldgelb und leicht karamellisiert ist.

Die Brühe erhitzen, aber nicht kochen lassen. Die Pastinaken und die Knoblauchzehen mit der Hälfte der Brühe und dem Zitronensaft im Mixer oder mit dem Pürierstab pürieren. Dann die restliche Brühe zugeben und die Suppe bis zur gewünschten Konsistenz pürieren.

Vor dem Servieren die Suppe aufwärmen und auf Suppenteller verteilen, mit dem restlichen Olivenöl beträufeln, mit etwas schwarzem Pfeffer übermahlen, mit Thymianblättern bestreuen und servieren.

ARTISCHOCKEN-BOHNEN-SALAT MIT GERÖSTETEN PINIENKERNEN

Warm ist dieser Salat ein ganz besonderer Genuss. Die feine Herbe der Artischocken kombiniert mit blanchierten grünen Bohnen und Petersilie – ein perfektes Team. Das Dressing sorgt für eine leichte Säure, und die gerösteten Pinienkerne bringen einen nussigen Duft mit ein. Einfach toll!

FÜR 2 PERSONEN als leichte Mahlzeit oder **FÜR 4 PERSONEN** als Beilage ❖ GF, VEG

250 g grüne Bohnen, geputzt
340 g eingelegte Artischocken aus dem Glas
2 Bund glatte Petersilie
Etwas Meersalz
80 g Pinienkerne

FÜR DAS ZITRONEN-JOGHURT-DRESSING:
60 ml natives Olivenöl extra
70 g Naturjoghurt (3,5% Fettgehalt) oder griechischer Joghurt (10%)
Saft von ½ Zitrone
Meersalz und schwarzer Pfeffer aus der Mühle

Die Bohnen putzen und waschen. Die Artischocken abtropfen lassen und grob hacken. Die Petersilie waschen, trocken schütteln und grob hacken.

Für das Dressing das Olivenöl, den Joghurt und den Zitronensaft in eine kleine Schüssel geben. Eine Prise Meersalz und frisch gemahlenen schwarzen Pfeffer zugeben, alles gut verrühren und bis zum Gebrauch beiseitestellen.

Die Bohnen in einem Topf mit Wasser bedecken, salzen und aufkochen. Die Bohnen bei mäßiger Hitze in 2–3 Minuten knapp gar kochen. Abgießen und leicht abkühlen lassen.

Inzwischen die Pinienkerne in einer kleinen Pfanne ohne Fettzugabe goldbraun rösten.

Bohnen, Artischocken und Petersilie in eine große Salatschüssel geben, mit dem Dressing begießen und alles gut vermengen. Die Pinienkerne darüber verteilen und sofort servieren.

RÄUCHERLACHS-MEERRETTICH-SALAT MIT DILL

Einer meiner unangefochtenen Lieblingssalate, besonders, wenn Gäste zum Essen kommen. Die Kombination aus geräuchertem Lachs mit würzig-scharfem Rucola und Dill ist grandios. Jeder Happen birgt eine feine Säure durch die Zitrone verbunden mit einer angenehmen Schärfe durch die sahnige Meerrettichsauce. Schier umwerfend!

FÜR 2 PERSONEN als leichte Mahlzeit oder **FÜR 4 PERSONEN** als Beilage ❖ GF

1 Schale Rucolablätter (125 g)
200 g Räucherlachs
3 EL Crème double oder Naturjoghurt (3,5% Fettgehalt)
3 EL Meerrettich, aus dem Glas oder frisch gerieben
Saft von 1 Zitrone
2 EL natives Olivenöl extra
Etwas Meersalz und schwarzer Pfeffer aus der Mühle
½ Bund Dill

Den Rucola waschen und trocken schütteln. Die Rucolablätter und den Lachs auf einer großen Platte anrichten – ich selbst forme den Lachs gern zu kleinen Rollen und lege diese auf die Blätter.

In einer kleinen Schüssel die Crème double oder den Joghurt und den Meerrettich gut mischen. Die Meerrettichsauce großzügig löffelweise über den Salat verteilen.

Alles mit dem Zitronensaft und dem Olivenöl beträufeln, mit Salz Pfeffer bestreuen und den Dill darüber verteilen.

BLUMENKOHL-»TABOULÉ« MIT KRÄUTERN

Ein leckerer und interessanter Rohkostsalat, der voller erfrischender Aromen und verschiedener Texturen steckt. Die süßlich-aromatischen getrockneten Tomaten runden das Ganze wundervoll ab. Der Salat schmeckt fantastisch als leichtes Mittagessen oder auch als Beilage.

FÜR 2 PERSONEN als leichtes Mittagessen oder **FÜR 4 PERSONEN** als Beilage

GF, MPF, VEG, V

½ Blumenkohl
2 Knoblauchzehen
1 Bund Basilikum
1 Bund glatte Petersilie
1 Bund Minze
75 g getrocknete Tomaten
Saft von 1 Zitrone
3 EL natives Olivenöl extra
Etwas Meersalz und schwarzer Pfeffer aus der Mühle

Den Blumenkohl waschen und grob in Stücke zerteilen. Den Knoblauch schälen. Die Kräuter waschen, trocken schütteln und grob hacken. Die getrockneten Tomaten ebenfalls grob hacken.

Blumenkohl und Knoblauch in einer Küchenmaschine in ein paar kurzen Schüben zerkleinern, bis die Konsistenz an Reis erinnert. Das Basilikum, die Petersilie und die Minze dazugeben und erneut in mehreren Schüben gut miteinander vermengen.

Alles in eine Rührschüssel füllen und die getrockneten Tomaten, den Zitronensaft, das Olivenöl und sowie eine großzügige Prise Meersalz und frisch gemahlenen schwarzen Pfeffer dazugeben.

Alles gut vermengen und servieren.

SCHMORLINSEN IN ZITRONIGER TOMATENSAUCE

Frische Kräuter in der Tomatensauce verleihen diesem einfachen und doch so geschmackvollen Linsengericht eine duftig-aromatische Note. Den Extrakick erhält die Tomatensauce außerdem durch die Zugabe von eingelegten Salzzitronen. Die Linsen sind eine feine, leichte Mahlzeit, aber auch eine schöne Beilage zu Fleisch oder Fisch.

FÜR 2 PERSONEN als leichte Mahlzeit oder **FÜR 4 PERSONEN** als Beilage ❖ GF, MPF (ohne Ghee und Käse), VEG, V (ohne Ghee, Butter und Käse)

- 1 Zwiebel
- 4 Knoblauchzehen
- 3 EL Thymianblätter
- 1 eingelegte Salzzitrone (Seite 221)
- 2 EL Ghee, Butter oder Olivenöl
- 1 Dose Linsen (à 400 g), abgetropft, oder 270 g gegarte Linsen
- 2 Dosen stückige Tomaten (à 400 g)
- 1 Bund Basilikum, nur die Blätter, grob gehackt
- Etwas Meersalz und Pfeffer aus der Mühle
- Geriebener Parmesan
- 1 EL natives Olivenöl extra

Die Zwiebel schälen und würfeln. Den Knoblauch schälen und grob hacken. Den Thymian abzupfen. Die Salzzitrone in feine Streifen schneiden.

Das Ghee oder ein anderes Fett in einem großen Topf auf mittlerer Stufe erhitzen. Die Zwiebel, den Knoblauch und den Thymian dazugeben und unter gelegentlichem Rühren rund 10 Minuten anschwitzen, bis die Zwiebel weich und leicht gebräunt ist.

Die Salzzitrone, die Linsen und die Tomatenstücke zur Zwiebel geben. Das Ganze aufkochen lassen und bei schwacher Hitze etwa 20 Minuten köcheln lassen, bis die Tomaten sämig eingekocht sind.

Den größten Teil des Basilikums einrühren, etwas zum Servieren beiseitestellen. Das Gericht mit Meersalz und Pfeffer kräftig abschmecken, mit dem Parmesan und dem restlichen Basilikum bestreuen und mit dem Olivenöl beträufeln.

KNOBLAUCH-ZITRONEN-ERBSEN MIT AVOCADO

Knackig, leicht und spritzig präsentiert sich dieser zitronig-frische Salat. Die Avocado sorgt für die cremige Konsistenz und der Knoblauch für das besondere Aroma. Schmeckt wunderbar als leichtes Mittagessen, ist aber auch eine schöne Beilage zu den meisten Fleisch- und Fischgerichten.

FÜR 2 PERSONEN ❖ GF, MPF (ohne Ghee und Butter), VEG, V (ohne Ghee und Butter)

1 braune Zwiebel
4 Knoblauchzehen
1 reife Avocado
2 EL Ghee, Butter oder Olivenöl
420 g Erbsen, frisch gepalt oder tiefgekühlt
Zesten und Saft von 1 Bio-Zitrone
1 Bund glatte Petersilie, grob gehackt
40 g Kürbiskerne
Etwas Meersalz und schwarzer Pfeffer aus der Mühle
Natives Olivenöl extra nach Geschmack

Die Zwiebel schälen und in feine Ringe schneiden. Den Knoblauch schälen und fein hacken. Die Avocado halbieren, entkernen und das Fruchtfleisch herauslösen.

Das Ghee oder ein alternatives Fett bei mittlerer Hitze in einem großen Topf zerlassen, bis es aufschäumt. Den Knoblauch, die Zwiebel und die Erbsen dazugeben und unter ständigem Rühren einige Minuten anbraten, bis der Knoblauch und die Zwiebel weich werden und leicht bräunen.

Die Zesten und den Zitronensaft sowie die Petersilie, das Avocadofleisch, die Kürbiskerne sowie eine große Prise Meersalz und schwarzen Pfeffer hinzugeben.

Alles mit einer Gabel oder einem Kartoffelstampfer grob zerkleinern und miteinander vermengen. Großzügig Olivenöl darüberträufeln und servieren.

LIMABOHNEN MIT SALBEI UND ZITRONE

Dieses Rezept erweist sich für mich immer wieder als Volltreffer, ob als leichtes Mittagessen oder als Beilage. Es hat tolle Aromen und Texturen zu bieten, schmeckt herrlich, macht rundum satt und glücklich – und ist in wenigen Minuten zubereitet!

FÜR 1 PERSON als leichtes Mittagessen oder **FÜR 4 PERSONEN** als Beilage ❖
GF, MPF VEG, V (ohne Ghee und Butter)

1 rote Zwiebel
3 Knoblauchzehen
2 EL Ghee, Butter oder Olivenöl
1 Handvoll Salbeiblätter
1 Dose Limabohnen (400 g), abgetropft, oder 250 g gegarte Limabohnen
Saft von 1 Zitrone
Etwas Meersalz und schwarzer Pfeffer aus der Mühle
natives Olivenöl extra, zum Servieren (nach Belieben)

Die Zwiebel schälen und fein würfeln, den Knoblauch schälen und grob hacken.

Das Ghee oder ein alternatives Fett in einer großen Pfanne bei mittlerer Hitze zerlassen. Zwiebel, Knoblauch und Salbei dazugeben und unter Rühren etwa 10 Minuten anschwitzen, bis die Zwiebel gebräunt ist. Die Bohnen dazugeben und alles etwa 1 Minute erhitzen.

Das Ganze mit dem Zitronensaft, Meersalz und Pfeffer herzhaft abschmecken. Nochmals 2–3 Minuten erhitzen und vor dem Servieren nach Belieben mit etwas Olivenöl beträufeln.

KARAMELLISIERTER KÜRBIS MIT PETERSILIEN-OLIVEN-GREMOLATA

Wir alle lieben dieses Gericht ganz besonders an einem heißen Sommertag zu gegrilltem Huhn oder Fisch. Die zitronig-salzige Gremolata verleiht dem süßlichen, knusprig gebackenen Kürbis einen besonderen Frischekick. Ich schlage hier zwar Butternusskürbis vor, aber die meisten anderen Kürbisarten eignen sich ebenso gut.

FÜR 2 PERSONEN als leichte Mahlzeit oder **FÜR 4 PERSONEN** als Beilagee
GF, MPF, VEG, V (ohne Honig)

½ Butternusskürbis
2 EL natives Olivenöl extra
2 EL Honig, Ahorn- oder Agavensirup
Etwas Meersalz und schwarzer Pfeffer aus der Mühle
2 Bund glatte Petersilie
150 g schwarze Oliven
Zesten und Saft von 1 Bio-Zitrone

Den Backofen auf 180 °C vorheizen. Den Kürbis schälen und das Fruchtfleisch in etwa 1 cm dicke Schnitze schneiden.

Die Kürbisstücke auf ein Backblech verteilen und mit Olivenöl und Honig oder Sirup beträufeln. Großzügig mit Meersalz und Pfeffer bestreuen und im heißen Ofen etwa 30 Minuten backen, bis der Kürbis weich, goldgelb und karamellisiert ist.

Inzwischen die Petersilie waschen, trocken schütteln und grob hacken. Die Oliven entkernen und ebenfalls grob hacken.

Kurz vor Ende der Garzeit für die Gremolata in einer Schüssel die Petersilie, die Oliven, die Zitronenzesten und den Zitronensaft gut miteinander vermengen.

Am Ende der Garzeit den Kürbis in eine Schüssel geben, mit der Gremolata vermischen und sofort servieren.

BUNTES OFENGEMÜSE

Manchmal überkommt mich einfach Lust auf ein buntes Gemüsegericht aus dem Backofen – süß, gut gegart und oben knusprig und vor allem aromatisch. Kombiniert mit gegrilltem Steak, Huhn oder Fisch mausert sich dieses bescheidene Gericht zu einem perfekten Abendessen, kann aber durchaus auch als eigenständige leichte Mahlzeit durchgehen. Hier kann man sich kreativ austoben und so viele neue bunte Gemüsesorten der Saison verarbeiten, wie man auftreiben kann.

FÜR 4 PERSONEN als Beilage ❖ GF, MPF, VEG, V

6–8 Yamswurzeln
½ Butternusskürbis
¼ Rotkohl
1 Fenchelknolle
2 Karotten
1 Knoblauchknolle
1 Handvoll frische Kräuter wie Basilikum, Thymian und Petersilie
Natives Olivenöl extra, zum Beträufeln
Saft von 1 Zitrone
Etwas Meersalz und schwarzer Pfeffer aus der Mühle

Den Backofen auf 180 °C vorheizen. Die Yamswurzeln putzen, den Kürbis schälen und in Spalten schneiden, den Rotkohl grob hobeln. Beim Fenchel die äußere Schicht entfernen, die Karotten putzen und zusammen mit dem Fenchel grob hacken. Die Knoblauchzehen schälen und mit der flachen Messerklinge leicht zerdrücken.

Das Gemüse und den Knoblauch auf ein großes Backblech geben und die Kräuter darüber verteilen. Mit Olivenöl und Zitronensaft beträufeln und zum Schluss großzügig mit Meersalz und frisch gemahlenem schwarzem Pfeffer würzen.

Das Gemüse 40–45 Minuten im Backofen garen, bis es durchgegart, innen weich und außen knusprig ist.

GEBACKENE SALATHERZEN MIT KNOBLAUCH-ZITRONEN-AÏOLI

Eine unwiderstehliche Zubereitungsart. Das Backen verleiht dem Salat eine feine Süße und eine seidige und dennoch knackige Konsistenz – eine neue und aufregende Art, grüne Salate zu genießen. Am besten ganz simpel servieren, nur mit einem Klecks Aïoli, sodass das hauchzarte Aroma des Salats voll zur Geltung kommen kann.

FÜR 4 PERSONEN als Beilage ❖ GF, MPF, VEG

3–4 Romana-Salatherzen
Etwas natives Olivenöl extra
Etwas Meersalz und schwarzer Pfeffer aus der Mühle
Knoblauch-Zitronen-Aïoli (Seite 216) zum Servieren

Den Backofen auf 180 °C vorheizen. Von den Salatherzen die äußeren dunkleren Blätter entfernen. Die Salatherzen der Länge nach halbieren und mit der Schnittfläche nach oben in eine ofenfeste Form legen. Mit Olivenöl beträufeln und mit Meersalz und frisch gemahlenem schwarzem Pfeffer bestreuen.

Die Salatherzen etwa 25–30 Minuten backen, bis die Ränder knusprig werden.

Die Aïoli darübergeben und sofort servieren.

LANGSAM GESCHMORTE ZUCCHINI MIT BASILIKUM

Im eigenen Saft und mit reichlich Olivenöl geschmorte Zucchini sind ein echter Genuss, der auf der Zunge zergeht. Die Zugabe von viel Basilikum und etwas Zitronensaft ganz am Schluss sorgt für den richtigen Frischekick. Besonders gut schmeckt das Gemüse zu Fisch, Quinoa oder Reis.

FÜR 3–4 PERSONEN als Beilage ❖ GF, MPF, VEG, V

6 Zucchini
1 Topf Basilikum
Reichlich natives Olivenöl extra, zum Braten
Saft von 1 Zitrone
Meersalz und schwarzer Pfeffer aus der Mühle

Die Zucchini waschen und in Scheiben schneiden. Die Basilikumblätter abzupfen und grob hacken.

So viel Olivenöl in eine Pfanne mit schwerem Boden geben, dass der Boden vollständig bedeckt ist. Das Öl auf mittlerer Stufe erhitzen.

Die Zucchinischeiben ins heiße Öl geben und gleichmäßig damit verrühren. Die Zucchini zugedeckt bei schwacher Hitze in 20–25 Minuten weich garen, dabei alle paar Minuten umrühren.

Abseits der Kochstelle den Zitronensaft, das Basilikum sowie eine großzügige Prise Meersalz und frisch gemahlenen schwarzen Pfeffer zu den Zucchini geben. Alles miteinander vermengen und servieren.

BLUMENKOHL-LAUCH-GRATIN MIT HASELNUSS UND THYMIAN

Wie geschaffen für einen kalten Winterabend ist dieses leckere, wärmende und unglaublich wohltuende Gratin. Diese Version ist überbacken mit knackigen Haselnusskernen und Parmesankäse. Aber auch ein kräftiger Cheddar würde gut dazu passen. Eine wahre Seelennahrung!

FÜR 4 PERSONEN als Beilage ❖ GF, VEG

- ½ Blumenkohl
- 1 Lauchstange
- 4 Knoblauchzehen
- 35 g Haselnusskerne
- 100 g Parmesan, fein gerieben
- 750 ml Vollmilch
- Meersalz und schwarzer Pfeffer aus der Mühle
- 3 EL Thymianblätter

Den Backofen auf 180 °C vorheizen. Den Blumenkohl in Röschen zerteilen. Von der Lauchstange nur das Weiße längs halbieren und grob hacken. Den Knoblauch schälen und grob hacken. Die Haselnüsse ebenfalls grob hacken.

Den Blumenkohl, den Lauch, den Knoblauch und die Hälfte des Parmesans in einer großen Auflaufform mischen. Mit der Milch bedecken und großzügig mit Meersalz und frisch gemahlenem schwarzem Pfeffer würzen.

Den restlichen geriebenen Parmesan darüberstreuen, ebenso die gehackten Haselnusskerne und den Thymian.

Das Gratin im heißen Ofen etwa 45 Minuten backen, bis es am Rand anfängt zu blubbern. Das Gemüse sollte schön weich gegart sein. Heiß servieren.

GEBRATENE PILZE MIT PFEFFER-SAHNE-SAUCE

Wie wäre es mit diesen köstlichen Pilzen zum Frühstücksei, auf einem Buchweizentoast als Mittagessen oder auch abends als Beilage zu einem feinen Bio-Steak? Ich experimentiere gern mit verschiedenen Pilzen, wenn aber keine ausgefalleneren Sorten aufzutreiben sind, schmeckt es ebenso gut mit den überall erhältlichen Champignons. Anstelle von Schwarzkohl kann man auch Grünkohl, Spinat oder Mangold verwenden.

FÜR 3–4 PERSONEN als Beilage ❖ GF, VEG

270 g Pilze
150 g Schwarzkohl
2 EL Ghee, Butter oder Olivenöl
Saft von ½ Zitrone
125 g Sahne
Meersalz und schwarzer Pfeffer aus der Mühle

Die Pilze putzen und in mundgerechte Stücke schneiden. Den Schwarzkohl waschen, trocken schütteln und grob hacken.

Das Ghee oder ein anderes Fett in einer großen Pfanne bei mittlerer Temperatur erhitzen. Die Pilze dazugeben und unter gelegentlichem Umrühren 10–15 Minuten kräftig anbraten, bis sie weich und gebräunt sind.

Den Schwarzkohl zu den Pilzen geben und in etwa 1 Minute zusammenfallen lassen. Den Zitronensaft, die Sahne, etwas Meersalz und eine kräftige Prise frisch gemahlenen schwarzen Pfeffer unterrühren und sofort servieren.

BACKOFENZWIEBELN MIT GORGONZOLA UND ROSMARIN

Dieses interessante und köstlich duftende Gericht besteht aus Zwiebeln, die so lange gebacken werden, bis sie rundum weich und dank der Zugabe von etwas Honig schön süß sind. Für eine leicht herbe Note sorgt der Rosmarin, und der Blauschimmelkäse trägt zu jedem Bissen das kräftig-würzige Etwas bei. Mit etwas Salzgebäck wird aus den Zwiebeln auch eine interessante Vorspeise.

FÜR 4 PERSONEN als Beilage ❖ GF, VEG

- 4 große braune Zwiebeln mit Schale
- 2 EL Honig, Ahorn- oder Agavensirup
- 60 ml natives Olivenöl extra
- Meersalz und schwarzer Pfeffer aus der Mühle
- 2 Rosmarinzweige
- Etwa 50 g Gorgonzola oder ein anderer Blauschimmelkäse

Den Backofen auf 180 °C vorheizen. Von den Zwiebeln oben und unten die Enden abschneiden, die Schale aber nicht entfernen. Die Zwiebeln von oben nach unten in vier Teile schneiden, aber nicht ganz durchschneiden – sie sollen an der Basis verbunden bleiben.

Die Zwiebeln in eine Auflaufform legen und mit dem Honig oder Sirup und dem Olivenöl beträufeln. Großzügig mit Meersalz und frisch gemahlenem schwarzem Pfeffer würzen und die Rosmarinzweige darüber verteilen.

Die Zwiebeln im heißen Ofen etwa 1 Stunde backen, bis sie weich und leicht karamellisiert sind. Den Käse zerbröseln und darüber verteilen. Warm servieren.

HONIG-BALSAMICO-SCHALOTTEN MIT ROSINEN

Für Schalotten hatte ich immer schon eine Schwäche und verwende sie deshalb in allen möglichen Gerichten. Richtig zubereitet sind sie unglaublich zart, süß und geschmacklich einfach umwerfend. In diesem Rezept werden sie mit etwas Balsamico, Thymian und Rosinen gegart – eine köstliche Kombination. Ich reiche sie gerne zu einem ausgiebigen Sonntagsfrühstück mit pochierten Eiern und Buchweizentoast.

FÜR 3–4 PERSONEN als Beilage ❖ GF, MPF (ohne Ghee oder Butter), VEG, V (ohne Ghee, Butter und Honig)

- 10–12 Schalotten
- 3 EL Thymianblätter
- 2 EL Ghee, Butter oder Olivenöl
- Salz und schwarzer Pfeffer aus der Mühle
- 1 EL Honig, Ahorn- oder Agavensirup
- 85 g Rosinen
- 1–2 EL Balsamessig
- Etwas natives Olivenöl extra zum Beträufeln

Die Schalotten schälen. Die Thymianzweige abzupfen. Das Ghee oder ein anderes Fett in einer großen Pfanne oder einem großen Topf bei mittlerer Hitze zerlassen. Die Schalotten und 2 Esslöffel Thymianblätter sowie eine Prise Meersalz und frisch gemahlenen schwarzen Pfeffer dazugeben. Das Ganze 10–15 Minuten garen, bis die Schalotten weich sind.

Den Honig und die Rosinen sowie Balsamico nach Geschmack dazugeben. Weitere 5 Minuten garen, bis die Schalotten gut durchgezogen und etwas karamellisiert sind.

Zum Anrichten die Schalotten mit dem restlichen Thymian bestreuen und nach Geschmack mit Olivenöl beträufeln. Warm servieren.

ÜBERBACKENER FENCHEL IN TOMATENSAUCE MIT BACONKRUSTE

Reizvoll an diesem Rezept ist die leichte Anisnote, die der aromatische Fenchel mitbringt. Er harmoniert auch wunderbar mit dem geräucherten Paprikapulver, der Tomate und dem salzigen Frühstücksspeck. Dazu passt ein grüner Salat mit einem schönen Dressing. Das Gericht schmeckt auch ohne Bacon und eignet sich dann sogar für Veganer oder Vegetarier.

FÜR 2 PERSONEN als leichte Mahlzeit oder **FÜR 4 PERSONEN** als Beilage
GF, MPF

2 Fenchelknollen
1 Dose stückige Tomaten (400 g)
2 EL geräuchertes Paprikapulver
Schale und Saft von 1 unbehandelten Zitrone
Meersalz und schwarzer Pfeffer aus der Mühle
4 Streifen Bio-Frühstücksspeck (Bacon)
Etwas natives Olivenöl extra

Den Backofen auf 180 °C vorheizen. Von den Fenchelknollen das Grün abschneiden und beiseitelegen. Die Fenchelknollen am Stielansatz abschneiden, die äußere Schicht entfernen und das Innere in mundgerechte Stücke schneiden.

Tomaten, Paprikapulver, Zitronenschale und Zitronensaft in eine Rührschüssel geben, salzen, pfeffern und gut verrühren.

Den Fenchel in eine Auflaufform geben und die Tomatenmischung dazugeben. Das Ganze mit den Speckstreifen belegen, nach Geschmack mit Olivenöl beträufeln und im heißen Ofen etwa 30 Minuten backen, bis die Sauce am Rand blubbert und der Fenchel gar ist.

Das Fenchelgratin mit dem Fenchelgrün garnieren und servieren.

HAUPT-GERICHTE

Diese leckeren Gerichte voller nahrhafter und geschmackvoller Zutaten sorgen mit ihren schlichten, aber beeindruckenden Aromen für Geschmackserlebnisse vom Feinsten. Ob Sie auf der Suche nach einem Geburtstagsessen, einer schnellen Mahlzeit für jeden Tag oder einem eleganten Mahl für Gäste sind – hier finden Sie mit Sicherheit etwas Passendes.

HÄHNCHEN MIT HONIG, ZITRONE UND LAVENDEL

Dieses aromatische, wunderbar nach Lavendel und Thymian duftende Hähnchen hat eine herrlich knusprig-süße Kruste. Die Marinade eignet sich auch hervorragend für Hähnchenschenkel und -flügel. Es schmeckt besonders gut mit gedünsteter Hirse und einem knackigen grünen Salat.

FÜR 4 PERSONEN ❖ GF, MPF

1 Hähnchen aus Freilandhaltung (ca. 1,5 kg)
2 Zwiebeln
250 ml hausgemachte Geflügelbrühe (Seite 206)
1 EL fein gehackte Lavendelblätter
2 EL Thymianblätter
Meersalz und schwarzer Pfeffer aus der Mühle

FÜR DIE HONIG-ZITRONEN-MARINADE
1 Bio-Zitrone
2 EL Honig
60 ml natives Olivenöl extra

Für die Marinade die Zitrone halbieren, den Saft in eine kleine Schüssel pressen und die Zitronenhälften zurückbehalten. Den Honig und das Olivenöl sorgfältig mit dem Zitronensaft vermischen. Das Hähnchen mit der Marinade beträufeln und im Kühlschrank mindestens 1 Stunde marinieren.

Den Backofen auf 180 °C vorheizen. Die Zwiebeln schälen und vierteln und in einem Bräter verteilen. Die Brühe dazugießen und das Hähnchen in die Form legen. Eine der Zitronenhälften in die Bauchhöhle des Hähnchens, die andere in die Auflaufform legen. Das Hähnchen und die Zwiebeln mit dem Lavendel und dem Thymian bestreuen und großzügig salzen und pfeffern.

Das Hähnchen im heißen Ofen 1 ½ Stunden braten. Nach der Hälfte der Zeit mit dem Bratfond begießen. Für die Garprobe mit einer Gabel oder einem Metallspieß in die dickste Stelle der Keule stechen. Wenn der austretende Saft klar ist, ist das Hähnchen fertig.

Das Hähnchen auf ein hölzernes Schneidebrett legen und vor dem Tranchieren etwa 5 Minuten ruhen lassen.

GESCHMORTE HÄHNCHENSCHENKEL MIT GRÜNEN OLIVEN, TOMATEN UND BASILIKUM

Dieses ausgesprochen einfache Gericht schmeckt schlichtweg umwerfend. Durch die schnelle Zubereitung eignet es sich hervorragend als Abendessen unter der Woche, ist gleichzeitig aber raffiniert genug, um auch Gäste zu beeindrucken. Das Basilikum und die Kirschtomaten geben dem zarten Hähnchenfleisch einen leicht süßlichen Geschmack, während die Oliven für salzige Würze sorgen. Servieren Sie es mit Ihrem Lieblingsgemüse.

FÜR 4 PERSONEN ❖ GF, MPF

- 6–8 Hähnchenschenkel aus Freilandhaltung, mit Haut
- 90 g grüne Oliven
- 250 g Kirschtomaten
- 1 Handvoll Basilikumblätter
- 2 EL natives Olivenöl extra
- Meersalz und schwarzer Pfeffer aus der Mühle
- Saft von 1 Zitrone

Den Backofen auf 180 °C vorheizen. Die Hähnchenschenkel, die Oliven, die Tomaten und das Basilikum in eine große Auflaufform geben. Alles mit Olivenöl beträufeln und großzügig mit Meersalz und frisch gemahlenem schwarzem Pfeffer würzen. Zuletzt mit dem Zitronensaft beträufeln.

Die Hähnchenschenkel im Backofen in 45 Minuten goldgelb braten. Nach der Hälfte der Garzeit mit dem Bratensaft begießen. Für die Garprobe mit einer Gabel oder einem Metallspieß in die dickste Stelle der Keule stechen – der heraustretende Saft sollte klar sein. Sofort servieren.

BLUMENKOHL-»COUSCOUS« MIT LACHS UND SPIEGELEI

Diese perfekt ausgewogene Mahlzeit ist in weniger als einer halben Stunde fertig. Zerkleinerter, kurz blanchierter Blumenkohl bildet die Basis für ein leckeres, leicht körniges Couscous mit butterzartem Lachs, mildem Basilikum, bestem Olivenöl und einem Spiegelei als Krönung.

FÜR 2 PERSONEN ❖ GF, MPF (ohne Ghee oder Butter)

½ Blumenkohl
2 Lachsfilets mit Haut
1 Handvoll Basilikumblätter
1 EL Ghee, Butter oder Olivenöl
2 Bio-Eier
Saft von 1 Zitrone
Einige Tropfen natives Olivenöl extra
Etwas Meersalz und schwarzer Pfeffer aus der Mühle

Den Blumenkohl in Röschen zerteilen, den Lachs in mundgerechte Stücke schneiden. Das Basilikum grob zerzupfen. Einige ganze Blätter zum Garnieren beiseitelegen.

Den Blumenkohl in einer Küchenmaschine zu einer reisähnlichen Konsistenz zerkleinern und in eine hitzebeständige Schüssel geben.

Das Ghee oder ein alternatives Fett in einer Pfanne bei mittlerer Hitze zerlassen. Die Eier in die Pfanne aufschlagen und braten.

Inzwischen den Blumenkohl mit kochendem Wasser bedecken, 1 Minute ziehen lassen, dann abgießen und sofort in einer Schüssel mit dem Basilikum, dem Lachs, dem Zitronensaft, dem Olivenöl sowie einer Prise Meersalz und frisch gemahlenem schwarzem Pfeffer vermengen. Der Lachs wird durch den heißen Blumenkohl perfekt gegart.

Jede Portion mit einem Spiegelei und einigen Basilikumblättern garniert servieren.

FISCH IN BRAUNER BUTTER MIT ZITRONE UND KAPERN

Ich verwende für dieses schnelle, einfache Gericht gern Snapper, weil sein Fleisch besonders zart und lecker ist. Kombiniert mit dieser sensationellen braunen Buttersauce zergeht jeder nussig schmeckende Bissen auf der Zunge. Basilikum und Petersilie werden erst ganz zum Schluss in die Sauce gegeben und sorgen für einen feinen süßen Unterton.

FÜR 2 PERSONEN ❖ GF (mit glutenfreiem Mehl)

3 EL glutenfreies Mehl (Buchweizen-, Naturreis-, Dinkelmehl usw.)
Meersalz und schwarzer Pfeffer aus der Mühle
2 Fischfilets, zum Beispiel vom Snapper oder einem anderen Fisch mit zartem weißem Fleisch
2 EL Ghee, Butter oder Olivenöl

FÜR DIE ZITRONEN-KAPERN-SAUCE
50 g Butter
Saft von 1 Zitrone
50 g Kapern aus dem Glas
1 Handvoll frische Basilikumblätter, grob gehackt
1 Handvoll glatte Petersilie, grob gehackt
Meersalz und schwarzer Pfeffer aus der Mühle

Das Mehl auf einen großen Teller schütten und mit Meersalz und frisch gemahlenem schwarzem Pfeffer vermischen. Die Fischfilets sorgfältig in dem Mehl wenden, überschüssiges Mehl abklopfen.

Das Ghee oder ein alternatives Fett in einer Pfanne erhitzen und den Fisch darin bei mittlerer Hitze von jeder Seite in 2–3 Minuten goldgelb braten, auf einen vorgewärmten Teller legen, mit Alufolie bedecken und warm stellen.

Die Pfanne mit Küchenpapier auswischen und darin für die Sauce die Butter auf mittlerer Stufe etwa 5 Minuten erhitzen, bis sie eine goldbraune Farbe annimmt und schön nussig zu duften beginnt. Abseits der Kochstelle Zitronensaft und Kapern hinzufügen – Vorsicht! Die heiße Butter könnte spritzen.

Basilikum und Petersilie in die Butter geben und schwenken. Die Sauce mit Meersalz und frisch gemahlenem schwarzem Pfeffer abschmecken.

Den Fisch zurück in die Pfanne geben, mit der Sauce begießen und sofort servieren.

LAMMKEULENSTEAKS MIT MINZE-APFELESSIG-SAUCE

Ab und an habe ich einfach Lust auf ein schönes saftiges Steak. Wenn Sie bisher noch nie ein Steak vom Lamm probiert haben, sollten Sie das unbedingt nachholen. Werden sie richtig zubereitet, sind sie sehr schmackhaft und zart.

FÜR 2 PERSONEN ❖ GF, MPF

- 2 große Bio-Lammsteaks aus der Keule (à ca. 300 g und 2 cm dick, zimmerwarm)
- Meersalz und schwarzer Pfeffer aus der Mühle
- 2–3 EL Olivenöl
- 60 ml Apfelessig
- 2 EL Honig, Ahorn- oder Agavensirup
- 1 große Handvoll Minzeblätter

Die Steaks kräftig salzen und pfeffern, dann auf beiden Seiten mit Olivenöl einreiben und beiseitestellen.

Für die Sauce den Essig mit dem Honig in einem kleinen Topf bei schwacher Hitze zum Kochen bringen. Abseits der Kochstelle die Minze dazugeben und mit Meersalz und Pfeffer abschmecken. Alles gut verrühren und zudecken. So können sich die Aromen gut verbinden.

Den Grill vorheizen oder eine Grillpfanne stark erhitzen. Die Lammsteaks von beiden Seiten in etwa 3 Minuten blutig braten und 5 Minuten ruhen lassen. Die Lammkeulensteaks mit der Sauce beträufeln und servieren.

CASSOULET VOM SCHWEIN MIT APFEL UND SALBEI

Wärmend, wohltuend und sättigend – genau das Richtige für einen kalten Wintertag. Das deftige, langsam geschmorte Schweinefleisch schmilzt auf der Zunge, der Salbei sorgt für eine leicht herbe Note, und die milde Süße der Äpfel besticht durch ihre subtile Nuance. Ich serviere das Cassoulet gern mit frisch gedünsteter Hirse, Naturreis oder sahnigem Blumenkohlpüree (Seite 97).

FÜR 4 PERSONEN ❖ GF (mit glutenfreiem Mehl), MPF (ohne Ghee und Butter)

- 6 Schalotten
- 4 Knoblauchzehen
- 500 g Bio-Schweineschulter
- 2 Äpfel, z. B. Braeburn
- 2 Möhren
- 1 EL Ghee, Butter oder Olivenöl
- 1 Handvoll Salbeiblätter
- 2 EL Naturreismehl (siehe Anmerkung)
- 185 ml süßer Weißwein oder Apfelsaft
- 1 l hausgemachte Gemüsebrühe (Seite 207) oder Geflügelbrühe (Seite 206)
- 175 g Erbsen, frisch gepalt oder tiefgekühlt

Die Schalotten und den Knoblauch schälen und grob hacken. Das Schweinefleisch in mundgerechte Würfel schneiden. Die Äpfel waschen, das Kernhaus ausstechen und das Fruchtfleisch in Spalten schneiden. Die Möhren schälen und grob hacken.

Das Ghee oder ein alternatives Fett in einem großen feuerfesten Topf erhitzen. Die Schalotten, den Knoblauch und den Salbei darin etwa 10 Minuten anschwitzen, bis die Schalotten weich und leicht gebräunt sind. Das Schweinefleisch hinzugeben, mit dem Mehl bestäuben und unter regelmäßigem Umrühren etwa 10 Minuten rundherum bräunen.

Das Ganze mit dem Wein ablöschen und etwa 5 Minuten köcheln lassen, bis die Flüssigkeit verdampft ist. Dann die Brühe, die Karotten und die Äpfel hinzufügen und alles bei schwacher Hitze 1½ Stunden leise köcheln lassen, bis das Fleisch gar und die Sauce sämig ist. Bei Bedarf etwas Brühe hinzufügen. Die Erbsen dazugeben, weitere 5–10 Minuten garen und heiß servieren.

Tipp

Hier kann nach Geschmack jede Mehlsorte verwendet werden – Buchweizen-, Dinkel-, Vollkorn- oder Tapiokamehl.

RINDFLEISCH-PIE MIT ROTWEIN

Diese deftige, nahrhafte Variante eines Pies wird durch die knusprige Dinkelkruste besonders lecker. Für ein glutenfreies Gericht das Dinkelmehl im Teig einfach durch 195 g Buchweizenmehl oder 225 g Naturreismehl ersetzen.

FÜR 4 PERSONEN ❖ GF (wenn mit Buchweizen- und/oder Naturreismehl)

FÜR DIE FÜLLUNG
- 1 Zwiebel, geschält und grob gehackt
- Knoblauchzehen von 1 Knolle
- 3 Zweige Rosmarin
- 1 Handvoll Thymianblätter, grob gehackt
- 2 EL Ghee, Butter oder Olivenöl
- 500 g Bio-Rinderhack
- 2 EL Dinkelvollkorn-, Buchweizen- oder Naturreismehl
- Meersalz und schwarzer Pfeffer aus der Mühle
- 200 ml Rotwein
- ½ l hausgemachte Rinderbrühe (Seite 206)

FÜR DEN TEIG
- 225 g Dinkelvollkornmehl, plus etwas zum Bestäuben
- 100 g kalte Butter, gewürfelt
- 1 Bio-Ei
- 1–2 EL Vollmilch oder geschlagenes Bio-Ei zum Bestreichen

Die Zwiebel und die Knoblauchzehen schälen und grob hacken. Rosmarin und Thymian abzupfen und ebenfalls hacken.

Für den Teig das Mehl mit der Butter krümelig kneten. Das Ei und 60 ml Wasser hinzufügen, alles zu einem homogenen Teig verarbeiten, diesen mit etwas Mehl bestäuben, in Frischhaltefolie wickeln und 30 Minuten kühl stellen.

Für die Füllung das Ghee in einer Kasserolle erhitzen. Zwiebel, Knoblauch, Rosmarin und Thymian hinzugeben und darin bei mittlerer Hitze rund 10 Minuten anbraten, bis die Zwiebel weich und leicht gebräunt ist. Das Rindfleisch dazugeben, mit dem Mehl bestäuben und in etwa 5 Minuten krümelig braten, salzen und pfeffern, dann mit dem Wein ablöschen und kochen lassen, bis er fast vollständig verdampft ist. Die Brühe angießen und das Ganze offen 30–40 Minuten köcheln lassen, bis eine dicke Sauce entstanden ist.

Inzwischen den Backofen auf 180 °C vorheizen. Die Füllung in eine leicht eingefettete Pieform füllen. Den Teig etwa 1 cm dick und mit 1 cm Übermaß ausrollen und über die Füllung legen. Den Teigrand locker andrücken, die Oberseite einige Male mit einer Gabel einstechen und mit der Milch oder dem Ei bestreichen.

Den Rindfleisch-Pie im heißen Ofen in etwa 35–40 Minuten goldbraun backen. Vor dem Aufschneiden 5 Minuten ruhen lassen. Heiß servieren.

FLEISCHBÄLLCHEN MIT BLUMENKOHLPÜREE

Damit dieses einfache Gericht zu einem Knüller wird, sollte man für die Fleischbällchen hochwertige rohe Bratwürste kaufen.

FÜR 4 PERSONEN ❖ GF, MPF (ohne Ghee, Butter, Käse und Sahne)

- 1 Blumenkohl
- Meersalz
- 8 glutenfreie Bio-Würstchen aus Rind-, Lamm- oder Schweinefleisch
- 2 EL Ghee oder Olivenöl
- 2–3 Knoblauchzehen
- 2 EL Butter
- 1½ gehäufte EL Dijonsenf
- ½ TL frisch geriebene Muskatnuss
- 2 EL Parmesan, frisch gerieben (nach Belieben)
- 0,2 l süße Sahne (nach Belieben)
- Meersalz und schwarzer Pfeffer aus der Mühle
- 1 Bund glatte Petersilie, grob gehackt
- Etwas natives Olivenöl extra, zum Beträufeln

Den Blumenkohl in Röschen zerteilen, in einen großen Topf geben und mit Wasser bedecken und salzen. Alles aufkochen und den Blumenkohl ber schwacher Hitze in etwa 10 Minuten sehr weich kochen lassen.

Inzwischen das Brät aus den Würstchen herausdrücken und mit den Handflächen zu gleich großen Kugeln formen. Ein Würstchen sollte vier Fleischbällchen ergeben. 2 Esslöffel Ghee in einer Pfanne erhitzen, die Fleischbällchen darin bei mittlerer Hitze unter gelegentlichem Wenden goldbraun braten und warm stellen.

Den Blumenkohl abgießen und zurück in den Topf geben, den Knoblauch dazupressen und das Ganze mit der Butter, dem Senf, der Muskatnuss, dem Parmesan und der Sahne mit einem Kartoffelstampfer pürieren. Mit Meersalz und frisch gemahlenem schwarzem Pfeffer herzhaft abschmecken.

Das Püree auf vier Teller verteilen, die Fleischbällchen darauflegen und mit Petersilie und einigen Tropfen Olivenöl garnieren.

AUBERGINEN-INVOLTINI

Ich kann gar nicht genug von diesem herrlichen Gericht schwärmen. Selbst ausgesprochene Fleischesser werden kaum bemerken, dass es vegetarisch ist.

FÜR 2–3 PERSONEN als Hauptmahlzeit oder **FÜR 3–4 PERSONEN** als Beilage
GF, MPF (ohne Ghee oder Butter), VEG, V (ohne Ghee, Butter und Honig)

2 große Auberginen
1 braune Zwiebel
100 ml zerlassenes Ghee, Butter oder Olivenöl
Meersalz und schwarzer Pfeffer aus der Mühle
1 EL Honig, Ahorn- oder Agavensirup
250 ml einfache Tomatensauce mit Basilikum und Knoblauch (Seite 209)
1 Bund glatte Petersilie

CASHEWKÄSE
310 g Cashewkerne, über Nacht in Wasser eingeweicht und abgetropft
Saft von ½ Zitrone
1 Knoblauchzehe, geschält
Etwas Meersalz

Die Auberginen der Länge nach in 1 cm dicke Scheiben schneiden. Die Zwiebel schälen und in Würfel schneiden.

Den Backofen auf 180 °C vorheizen. Zwei Backbleche mit etwas zerlassenem Ghee oder einem alternativen Fett einfetten.

Die Auberginenscheiben auf die Backbleche legen. Mit 2–4 Esslöffel des zerlassenen Ghees beträufeln, mit etwas Meersalz und Pfeffer bestreuen und im heißen Ofen in 25–30 Minuten goldgelb backen. Aus dem Ofen nehmen und abkühlen lassen. Den Backofen nicht ausschalten.

In der Zwischenzeit weitere 2 Esslöffel Ghee in einem Pfännchen erhitzen und die Zwiebel bei mittlerer Hitze darin etwa 10 Minuten anschwitzen, dann mit dem Honig und 2 Esslöffel Wasser beträufeln. Die Hitze reduzieren und weitere 15–20 Minuten braten, bis die Zwiebel karamellisiert und goldgelb ist. Vom der Kochstelle nehmen und abkühlen lassen.

Für den Cashewkäse die Cashewkerne mit dem Zitronensaft, dem Knoblauch und einer Prise Meersalz in einer Küchenmaschine oder mit dem Pürierstab zu einer glatten Masse verarbeiten.

Die glasierte Zwiebel mit dem Cashewkäse in einer Schüssel gut vermischen. Jeweils 2 Esslöffel der Füllung auf jede Auberginenscheibe geben. Die Scheiben fest zusammenrollen und in eine leicht gefettete Auflaufform legen. Die Tomatensauce über die Rollen verteilen und alles im Backofen 25–30 Minuten backen.

Inzwischen die Petersilie waschen, trocken schütteln und die Blätter abzupfen. Am Ende der Backzeit den Auflauf aus dem Ofen nehmen, 5 Minuten abkühlen lassen und mit Petersilienblättern garniert servieren.

GESCHMORTE KICHERERBSEN AUF SPANISCHE ART

Die Zitrone gibt den leicht rauchig schmeckenden, herzhaften Kichererbsen einen aparten Frischekick. Wenn mir der Sinn nach etwas Besonderem steht, füge ich gern etwas gegrillte Chorizo hinzu. Veganer und Vegetarier können die Kichererbsen mit gedünstetem Reis oder Hirse servieren, um das pflanzliche Eiweiß zu ergänzen.

FÜR 4 PERSONEN ❖ GF, MPF (ohne Ghee oder Butter), VEG, V (ohne Ghee oder Butter)

- 1 Dose Kichererbsen (400 g) oder 250 g gegarte Kichererbsen
- 5 Schalotten
- 3 EL Ghee, Butter oder Olivenöl
- 3 TL geräuchertes Paprikapulver
- 2 Dosen stückige Tomaten (à 400 g)
- Meersalz und schwarzer Pfeffer aus der Mühle
- Saft von 1 Zitrone
- 1 Handvoll Basilikumblätter, grob gehackt

Die Kichererbsen in ein Sieb gießen und abtropfen lassen. Die Schalotten schälen und grob hacken.

Das Ghee oder ein anderes Fett in einem Topf erhitzen. Die Schalotten und das Paprikapulver hinzugeben und bei mittlerer Hitze unter Rühren etwa 10 Minuten anschwitzen, bis die Schalotten weich und leicht gebräunt sind.

Die Kichererbsen mit den Tomaten zu den Schalotten geben, kräftig salzen und pfeffern, gut vermischen und offen bei schwacher Hitze etwa 30 Minuten köcheln lassen, bis die Sauce schön sämig ist.

Am Ende der Kochzeit die Kichererbsen mit Zitronensaft, Meersalz und Pfeffer nach Belieben abschmecken und den Großteil des Basilikums zugeben und gut verrühren. Mit dem restlichen Basilikum garniert servieren.

HIRSE-PILAW MIT TRAUBEN, FETA, MINZE UND GURKE

Hirse ist eine uralte Getreidesorte, die reich ist an Eisen, Vitaminen und Kalzium und von Natur aus kein Gluten enthält. Sie ist relativ schnell zubereitet und hat eine angenehm lockere Konsistenz. Die Hirse gart man am besten in einer leckeren, hausgemachten Brühe, sodass sich alle Aromen voll entfalten können. Mit seiner Mischung aus süßen, salzigen und frischen Aromen ist dieser Pilaw eine perfekte Mahlzeit für einen warmen Sommerabend. Er kann im Voraus zubereitet und kalt serviert werden.

FÜR 4 PERSONEN ❖ GF, VEG (mit Gemüsebrühe)

225 g Rohhirse, geschält
500 ml hausgemachte Geflügelbrühe (Seite 206) oder Gemüsebrühe (Seite 207)
Etwas Meersalz
½ Salatgurke
1 Handvoll Minzeblätter
100 g Feta-Käse
100 g rote oder/und weiße Weintrauben
50 g Kapern
Saft von 1 Zitrone
60 ml natives Olivenöl extra
Schwarzer Pfeffer aus der Mühle

Die Hirse, die Brühe und eine Prise Meersalz in einen großen Topf geben, bei mittlerer Hitze aufkochen und bei schwacher Hitze etwa 15 Minuten zugedeckt leise köcheln lassen, bis die Körner fast die gesamte Flüssigkeit aufgenommen haben. Während des Garens ein- oder zweimal umrühren, aber nicht zu häufig, damit die Textur der Hirsekörner erhalten bleibt.

Inzwischen die Gurke schälen, längs in Streifen und dann in 1 cm große Stücke schneiden. Die Minze waschen, trocken schütteln und grob hacken. Den Feta würfeln.

Die Hirse von der Kochstelle nehmen und zugedeckt 10 Minuten ruhen lassen, dann mit einer Gabel auflockern und in eine Schüssel füllen.

Gurke, Minze, Feta, Trauben und Kapern zur Hirse geben, das Ganze behutsam vermengen und mit Zitronensaft, Olivenöl, Meersalz und Pfeffer abschmecken. Dieses Gericht kann man warm und kalt servieren.

ROTE BETE MIT NATURREIS-RISOTTO

Dieses leuchtend rote Gericht ist im Winter ein wunderbarer Blickfang für jeden Esstisch. Durch die Verwendung von Naturreis ist die Garzeit länger als bei einem herkömmlichen Risotto, aber es lohnt sich, weil dieser Reis so nahrhaft ist. Der gehaltvolle, cremige Risotto erhält durch die Rote Bete eine leicht erdige Note und schmeckt besonders gut mit einer großzügigen Portion geriebenem, lange gereiftem Parmesan.

FÜR 4 PERSONEN ❖ GF, VEG (mit Gemüsebrühe)

1 braune Zwiebel
4 Knoblauchzehen
500 g Rote Bete
4 EL Butter oder Olivenöl
220 g mittelkörniger Naturreis
750 ml hausgemachte Geflügelbrühe (Seite 207)
80 g Parmesan, frisch gerieben
Meersalz und schwarzer Pfeffer aus der Mühle
Frische Thymianblätter zum Garnieren

Die Zwiebel und den Knoblauch schälen und grob hacken. Die Roten Bete schälen und reiben.

2 Esslöffel Butter oder Olivenöl in einer großen Pfanne erhitzen und Zwiebel sowie Knoblauch darin bei mäßiger Hitze unter gelegentlichem Rühren 10 Minuten anschwitzen, bis die Zwiebel weich und leicht gebräunt ist. Den Reis hinzugeben und unter behutsamem Rühren 5 Minuten anrösten, bis die Körner beginnen zu duften.

Die Roten Bete unter den Reis rühren, alles mit der Brühe und 500 ml Wasser ablöschen, aufkochen und offen etwa 45 Minuten köcheln lassen, bis der Reis fast die gesamte Flüssigkeit aufgenommen hat.

Mit einer Gabel die restliche Butter und die Hälfte des Parmesans unter das Risotto ziehen, alles mit Meersalz und Pfeffer abschmecken und mit Thymian und dem restlichen Parmesan bestreuen.

CRÊPES AUS NUSSMEHL MIT RICOTTA UND GEMÜSE

Diese Crêpes mit schön nussiger Textur eignen sich sehr gut als einfaches Mittagessen am Wochenende. Für eine milchfreie Version den Ricotta durch Cashewkäse (Seite 98) oder Cashew-Aïoli (Seite 109) ersetzen.

ERGIBT ETWA 5 CRÊPES ❖ GF, VEG

- 200 g Blattgemüse wie Spinat, Mangold, Grünkohl oder Schwarzkohl
- 75 g Körner, ich verwende eine Mischung aus Kürbiskernen und Sesamsamen
- Etwas Meersalz
- 2 EL Ghee, Butter oder Olivenöl, plus etwas zusätzlich zum Einfetten
- Etwas schwarzer Pfeffer aus der Mühle
- 115 g Ricotta

FÜR DIE CRÊPES

- 50 g Mandelmehl oder anderes Nussmehl
- 4 große Bio-Eier
- Etwas Meersalz

Das Gemüse waschen. Gegebenenfalls grobe Blattrippen entfernen, das Grün grob hacken.

Die Körner in einer großen Pfanne ohne Fettzugabe bei mittlerer Hitze etwa 3 Minuten rösten, bis sie duften. Abkühlen lassen.

Für die Crêpes das Mandelmehl, die Eier und eine Prise Meersalz in einem Mixer oder einer Küchenmaschine zu einer glatten Masse verarbeiten.

Eine große, beschichtete Pfanne einfetten und erhitzen. Etwa ein Fünftel des Crêpeteigs in die Pfanne geben und durch Schwenken gleichmäßig auf dem Pfannenboden verteilen. Die Crêpe auf jeder Seite in 1–2 Minuten goldgelb backen.

Mit dem restlichen Teig ebenso verfahren. Die fertigen Crêpes warm stellen.

2 EL Ghee in einem Topf mäßig erhitzen und das noch nasse Blattgemüse darin unter Rühren einige Minuten dünsten, bis es zusammenfällt, salzen und pfeffern.

Die Crêpes mit dem gedünsteten Blattgemüse, dem Ricotta und den gerösteten Körnern füllen und heiß servieren.

BURGER MIT PORTOBELLO-PILZEN UND LINSEN

Reichlich Kräuter und Knoblauch geben diesen tollen vegetarischen Burgern ordentlich Pep. Die eiweißreichen Linsen sorgen dafür, dass man auch satt wird.

FÜR 4 PERSONEN ❖ GF, MPF (ohne Ghee oder Butter), VEG

- 1 roter Apfel
- 1 Schale Rucola
- Meersalz und schwarzer Pfeffer aus der Mühle
- Etwas flüssiges Ghee oder Butter oder Olivenöl zum Braten

FÜR DIE BURGER

- 1 braune Zwiebel
- 4 Knoblauchzehen
- 180 g Portobello-Pilze
- 1 Handvoll Kräuter (Thymian, Rosmarin und Salbei)
- 2 EL Ghee, Butter oder Olivenöl
- 215 g Linsen, gegart
- 200 g Mandelmehl oder anderes Nussmehl
- 2 EL Dijonsenf
- 2 Bio-Eier

FÜR DIE CASHEW-AÏOLI

- 235 g Cashewkerne, über Nacht in Wasser eingeweicht
- 1 EL Dijonsenf
- 60 ml natives Olivenöl extra
- Saft von ½ Zitrone
- 1 Knoblauchzehe
- 1 EL Apfelessig

Den Apfel waschen, vom Kernhaus befreien und in dünne Schnitze schneiden. Den Rucola waschen und trocken schütteln.

Für die Cashew-Aïoli die Cashewkerne abgießen, abtropfen lassen und mit den übrigen Zutaten für die Aïoli sowie 125 ml Wasser, Meersalz und Pfeffer in der Küchenmaschine oder mit dem Pürierstab zu einer glatten, sämigen Creme verarbeiten. Beiseitestellen.

Für die Burger Zwiebel und Knoblauch schälen und hacken. Die Pilze putzen und in feine Scheiben schneiden. Die Kräuter waschen, trocken schütteln und fein hacken.

Das Ghee in einer großen Pfanne erhitzen und darin Zwiebel, Knoblauch und Kräuter etwa 10 Minuten anschwitzen, bis die Zwiebel weich und leicht gebräunt ist. Die Pilze dazugeben und 5 Minuten mitbraten. Die Mischung mit Meersalz und Pfeffer herzhaft abschmecken und abkühlen lassen.

Die abgekühlte Pilzmischung mit den restlichen Zutaten für die Burger in der Küchenmaschine oder mit dem Pürierstab gut mixen.

Eine große Pfanne einfetten und auf mittlerer Stufe erhitzen. Aus der Pilzmischung 12 Kugeln formen. Die Hälfte der Kugeln in die Pfanne geben, behutsam zu kreisrunden Burgern flach drücken und auf jeder Seite in 5–6 Minuten goldgelb braten. Aus der Pfanne nehmen und warm stellen. Die restlichen Burger ebenso braten.

Zum Anrichten pro Portion drei Burger mit dem Rucola, den Apfelschnitzen und der Cashew-Creme-Aïoli stapeln. Mit etwas Pfeffer übermahlen und servieren.

SALAT VON FENCHEL, APFEL UND LINSEN MIT SENFVINAIGRETTE

Dieses Gericht gehört bei uns zu Hause definitiv zu den Leibgerichten. Die Kombination aus süßem Apfel, dem feinen anisartigen Aroma des Fenchels und, nicht zu vergessen, dem Kick der Vinaigrette und macht geradezu süchtig. Probieren Sie es aus: Ich verspreche Ihnen, Sie werden begeistert sein.

FÜR 2 PERSONEN ❖ GF, MPF, VEG, V (ohne Worcestershiresauce)

- ¼ Kohlkopf (rot, weiß oder grün)
- 2 Karotten
- 1 Fenchelknolle
- 4–6 Radieschen
- 1 Apfel
- 1 Handvoll Minzeblätter, grob gezupft
- 1 Handvoll Basilikumblätter, grob gezupft
- 1 Dose Linsen (à 400 g), abgetropft, oder 270 g gegarte Linsen
- Eine großzügige Portion beste Senfvinaigrette (S. 211)

Den Kohl fein hobeln. Die Karotten schälen und in feine Streifen schneiden. Von der Fenchelknolle das Grün entfernen und beiseitelegen. Die harte äußere Schicht entfernen und das Innere in feine Scheiben schneiden. Die Radieschen waschen, von Grün und Wurzeln befreien und ebenfalls in feine Scheiben schneiden. Den Apfel waschen und mit der Schale reiben.

Alles zusammen mit den Kräutern, dem zerzupften Fenchelgrün und den Linsen in eine große Schüssel geben, mit der Vinaigrette übergießen und sorgfältig vermengen.

Den Salat auf einem großen Teller anrichten und servieren.

DESSERTS

Egal zu welcher Jahreszeit, ein herrlich üppiges Dessert bildet den krönenden Abschluss jeder Mahlzeit. Die Rezepte in diesem Kapitel gehören in meiner Familie zu den Lieblingsnachspeisen und kommen – je nach Jahreszeit mit leichten Abwandlungen – immer wieder auf den Tisch.

In den wärmeren Monaten gibt es süße Steinfrüchte und Beeren, die mit knusprigen Mandelstreuseln wunderbar zur Geltung kommen. Wenn es draußen kalt ist, setze ich auf wärmende Gewürze und reichhaltige Aromen für himmlische Desserts.

BRATÄPFEL MIT MASCARPONE UND PISTAZIEN

Diese saftig-süßen Äpfel mit feinwürzigem Aroma und einem Topping aus cremigem Mascarpone und salzigen Pistazien sind bei unseren Gästen der große Renner.

FÜR 4 PERSONEN ❖ GF, VEG

- 4 kleine Äpfel
- 2 EL Honig, Ahorn- oder Agavensirup
- 2 TL gemahlener Zimt
- 40 g rohe Pistazienkerne
- 120 g Mascarpone

Den Backofen auf 180 °C vorheizen. Die Äpfel waschen, quer halbieren und das Kerngehäuse ausstechen.

Acht Mulden eines Standard-Muffinblechs (12 Mulden) mit Backpapier oder Papierförmchen auslegen. In jede ausgelegte Mulde eine Apfelhälfte mit der Schnittseite nach oben legen.

Den Honig und den Zimt in eine kleine Schüssel geben, mit 2 Esslöffeln kochendem Wasser verrühren und den Sirup mit einem Löffel gleichmäßig über die Äpfel verteilen. Die Äpfel etwa 45 Minuten backen, bis sie schön weich sind, dann leicht abkühlen lassen.

Inzwischen die Pistazien nicht zu fein hacken.

Den Mascarpone und die Pistazien über die Bratäpfel verteilen und das Dessert warm servieren.

BALSAMICO-ERDBEEREN MIT PINIENKERNEN UND CASHEWCREME

Dieses einfache und dennoch unglaublich delikate Dessert ist schlichtweg umwerfend. Die säuerliche Note des Essigs verschmilzt mit der köstlichen Süße des Honigs und der Früchte. Hier reichen wir zu den Erdbeeren eine leckere Cashewcreme. Man kann aber auch Naturjoghurt oder Schlagsahne dazu servieren.

FÜR 4 PERSONEN ❖ GF, MPF, VEG, V (ohne Honig)

40 g Pinienkerne
450 g Erdbeeren, gewaschen und entstielt
80 ml guter Balsamessig
3 EL Honig, Ahorn- oder Agavensirup

FÜR DIE CASHEWCREME
235 g rohe Cashewkerne, über Nacht in Wasser eingeweicht
2 EL Honig, Ahorn- oder Agavensirup
Saft von ½ Zitrone

Den Backofen auf 180 °C vorheizen. Für die Cashewcreme die Cashewkerne abgießen und abtropfen lassen. Mit dem Honig, dem Zitronensaft und 125 ml Wasser in der Küchenmaschine oder mit dem Pürierstab zu einer glatten Creme verarbeiten. Bei Bedarf etwas Wasser zugeben. (Die Cashewcreme hält sich ein bis zwei Tage im Kühlschrank, schmeckt aber frisch am besten.)

Die Pinienkerne in einer Pfanne ohne Fettzugabe bei mittlerer Hitze 2–3 Minuten rösten, bis sie duften. Dabei regelmäßig wenden, damit sie nicht verbrennen. In eine Schüssel geben und zum Abkühlen beiseitestellen.

In einer zweiten Schüssel die Erdbeeren mit dem Essig und dem Honig vermengen.

Die Erdbeermischung in eine Auflaufform füllen und im Backofen 15 Minuten backen. Dann die Erdbeeren mit einem Holzlöffel wenden und weitere 15 Minuten backen, bis sie weich und saftig sind. Aus dem Ofen nehmen und etwa 5 Minuten abkühlen lassen.

Die Erdbeeren auf Dessertschalen verteilen, mit den Pinienkernen bestreuen, etwas Cashewcreme daraufgeben und servieren.

ERDBEERTARTE MIT MANDELKRUSTE

Erdbeeren und Minze ergeben auf diesem Tarteboden aus Mandelmehl eine tolle Kombination. Die Zutaten können für einen größeren Kuchen (Durchmesser 25 cm) problemlos verdoppelt werden, wenn sich viele Gäste angesagt haben.

FÜR 2 PERSONEN ❖ GF, MPF (ohne Butter und Joghurt), VEG, V (ohne Butter, Joghurt und Honig)

- 2 EL natives Kokosfett oder flüssige Butter, plus etwas Fett für die Form
- 150 g Mandelmehl
- 2 EL Honig, Ahorn- oder Agavensirup
- 8–10 Erdbeeren
- 1 Handvoll Minzeblätter
- Naturjoghurt oder Kokoscreme mit Honig (Seite 217), zum Servieren

Den Backofen auf 180 °C vorheizen. Eine Tarteform (20 cm Durchmesser) mit etwas Kokosöl oder Butter einfetten.

Das Mandelmehl, das Kokosfett und 1 Esslöffel Honig mit 1 Esslöffel Wasser zu einem grob krümeligen Teig verkneten. Den Teig in die Form geben, gleichmäßig auf dem Boden und an den Seiten verteilen und andrücken.

Den Tarteboden im heißen Ofen in 8–10 Minuten goldgelb backen, aus dem Ofen nehmen und vollständig abkühlen lassen, dann vorsichtig auf eine Kuchenplatte legen und bis zur Verwendung in den Kühlschrank stellen. Der Tarteboden kann gut am Vortag zubereitet werden.

Die Erdbeeren putzen, waschen und in feine Scheiben schneiden. Die Minze waschen und trocken schütteln.

Den Tarteboden mit den Erdbeerscheiben belegen und mit dem restlichen Honig beträufeln. Den Joghurt über die Tarte verteilen und das Ganze mit den Minzeblättern bestreut servieren.

VANILLEPUDDING MIT ZIMT AUS DEM BACKOFEN

Dieses sahnig-cremige Dessert besticht durch seine fein zimtige Vanillenote. Mit ein wenig Kakaopulver lässt es sich problemlos in einen leckeren Schokoladenpudding verwandeln. Manchmal serviere ich diese Puddings warm aus dem Ofen mit pochiertem Obst oder Kompott, aber sie sind auch kalt sehr lecker und können bis zu 2 Tage im Kühlschrank aufbewahrt werden.

FÜR 4 PERSONEN GF, MPF (ohne Vollmilch), VEG

400 ml Vollmilch oder Kokosmilch
2 EL Honig
1½ TL gemahlener Zimt
1½ TL Vanilleextrakt, ersatzweise gemahlene Vanille oder ausgekratztes Mark einer Vanilleschote
2 große Bio-Eier

Den Backofen auf 180 °C vorheizen. Die Milch, den Honig, den Zimt und die Vanille in einem Topf vermischen und unter Rühren erhitzen, bis sich der Honig aufgelöst hat. Von der Kochstelle nehmen und etwa 10 Minuten abkühlen lassen, bis die Mischung lauwarm ist.

Die Eier in eine kleine Schüssel aufschlagen und verquirlen. Diese Eimasse dann behutsam mit der lauwarmen Milchmischung verquirlen.

Die Masse in vier Auflaufförmchen (à 150 ml) gießen, diese in eine große Auflaufform stellen und so viel Wasser angießen, dass die Förmchen bis zur halben Höhe im Wasser stehen.

Den Pudding etwa 30 Minuten backen, bis die Oberfläche goldgelb ist. Warm oder gekühlt servieren.

HEIDELBEEREN MIT KOKOS-MANDEL-STREUSELN

Saftige Früchte mit knusprigen Streuseln kommen bei Groß und Klein immer gut an, und diese gesunde und nahrhafte Version macht da keine Ausnahme. Die Früchte werden mit Honig leicht gesüßt, mit Zitronensaft verfeinert und zum Schluss mit köstlich knusprigen Kokos-Mandel-Streuseln getoppt. Dieses Dessert schmeckt warm oder kalt und mit einem kräftigen Klecks Joghurt oder Sahne serviert.

FÜR 4–6 PERSONEN ❖ GF, MPF (ohne Butter), VEG, V (ohne Butter und Honig)

465 g Heidelbeeren, frisch oder tiefgekühlt
Saft von ½ Zitrone
4 EL Honig, Ahorn- oder Agavensirup
3 EL natives Kokosfett oder Butter
185 g kerniges Kokosmüsli mit Chia-Samen (Seite 24)

Den Backofen auf 170 °C vorheizen. Die Heidelbeeren mit dem Zitronensaft und 250 ml Wasser in einen großen Topf geben. 2 EL Honig einrühren, das Ganze zum Kochen bringen und bei schwacher Hitze offen in 15–20 Minuten dickflüssig einkochen lassen. Die Masse vorsichtig in eine Auflaufform gießen.

Das Kokosfett und den restlichen Honig in einem kleinen Topf bei geringer Wärmezufuhr schmelzen. Das Müsli zugeben und alles gut vermischen. Die Mischung gleichmäßig über die Heidelbeerfüllung verteilen.

Den Auflauf 15–20 Minuten backen, bis die Streusel goldgelb sind und es am Rand zu blubbern beginnt.

KARAMELL-ESPRESSO-CREME MIT GERÖSTETEN PEKANNÜSSEN

Ich mag an diesem himmlischen Dessert vor allem das Zusammenspiel der unterschiedlichen Texturen und die Ausgewogenheit der Aromen. In hübschen Gläsern wirkt es besonders elegant – ein schöner Blickfang, wenn Sie Gäste haben. Die einzelnen Lagen können am Vortag zubereitet werden, sollten aber erst am Tag der Verwendung geschichtet werden.

FÜR 4 PERSONEN ❖ GF, MPF (ohne Sahne), VEG, V (ohne Sahne und Honig)

125 ml Espresso
3 EL Honig, Ahorn- oder Agavensirup
100 g rohe Pekannüsse
3 Bananen
250 g Sahne, geschlagen, oder Kokoscreme mit Honig (Seite 217)

Für die Karamell-Espresso-Creme den Kaffee mit dem Honig in einem kleinen Topf bei mittlerer Hitze aufkochen. Dann die Hitze reduzieren und die Mischung in 5–10 Minuten sirupartig einkochen. Abkühlen lassen.

Die Pekannüsse in einer Pfanne ohne Fettzugabe bei mittlerer Hitze 2–3 Minuten rösten, bis sie duften. Regelmäßig schwenken, damit sie nicht verbrennen, in eine Schüssel geben und zum Abkühlen beiseitestellen.

Inzwischen die Bananen schälen und in Scheiben schneiden. Die abgekühlten Pekannüsse in einer Küchenmaschine klein hacken.

2 Esslöffel gehackte Pekannüsse in jedes Glas (à 250 ml) geben. Mit 2 Esslöffel Kaffee-Karamell-Creme beträufeln und darüber eine Lage Schlagsahne geben. Darauf dann so viele Bananenscheiben legen, dass die Sahne bedeckt ist.

Die Lagen wiederholen. Die restlichen Pekannüsse darüberstreuen und mit der restlichen Kaffee-Karamell-Creme beträufeln. Gekühlt servieren.

PANNACOTTA AUS KOKOSJOGHURT MIT KONFITÜRE

Die Aromen in dieser wunderbar leichten, herrlich sahnigen Pannacotta sind sehr subtil, harmonieren aber perfekt miteinander. Der angenehm säuerliche Geschmack des Joghurts wird durch die natürliche Süße des Honigs und die nussigen Kokosraspel abgerundet.

FÜR 4 PERSONEN ❖ GF, VEG

- Zerlassenes Kokosfett zum Einfetten (nach Belieben)
- 1 Dose Kokoscreme (400 ml)
- 2 EL Agar-Agar-Flocken
- 4 EL Honig, Ahorn- oder Agavensirup
- 260 g Naturjoghurt
- 150 g Konfitüre aus Chia-Samen (Seite 222)
- Etwas Kokosraspel zum Servieren

Vier Förmchen oder Gläser (à 200 ml Fassungsvermögen) oder eine Kuchenform (700–800 ml Fassungsvermögen) leicht mit Kokosfett einfetten. Die Kuchenform darf keinen herausnehmbaren Boden haben. (Wird die Pannacotta direkt aus der Form gegessen, erübrigt sich das Einfetten.)

Die Kokoscreme in einem Topf auf mittlerer Stufe erhitzen, bis sie leicht brodelt, aber nicht zum Kochen bringen. Abseits der Kochstelle das Agar Agar und den Honig in der heißen Kokoscreme auflösen und alles 5 Minuten abkühlen lassen.

Den Joghurt langsam mit dem Schneebesen in die Kokosmasse einrühren, die Mischung in die vorbereitete Kuchenform oder die Förmchen geben und über Nacht, mindestens aber 4 Stunden, im Kühlschrank ruhen lassen.

Um die Pannacotta zu stürzen, eine größere Auflaufform 2 cm tief mit kochendem Wasser füllen, die Kuchenform oder die Förmchen 10 Sekunden in das Wasser tauchen und die Pannacotta vorsichtig auf eine Platte stürzen.

Kurz vor dem Servieren die Konfitüre auf die Pannacotta geben und Kokosraspel darüberstreuen.

Die Pannacotta kann am Vortag zubereitet und bis zur Verwendung abgedeckt im Kühlschrank aufbewahrt werden.

BACKPFLAUMEN IN ORANGENSIRUP

Diese süßen Leckerbissen schmecken besonders gut auf Eiscreme, Naturjoghurt oder Grießbrei. Während die kleinen Pflaumen vor sich hinköcheln, nehmen sie all jene würzigen Aromen auf, die jeden Bissen zu einem Genuss werden lassen. Einfach göttlich!

FÜR 4 PERSONEN ❖ GF, MPF, VEG

- 1 Bio-Orange
- 200 g ungesüßte Trockenpflaumen, entsteint
- 1 TL gemahlener Zimt
- ½ TL frisch geriebene Muskatnuss
- ½ TL gemahlener Ingwer
- 2 EL Honig

Die Orange waschen und mit einem Zestenreißer – ersatzweise einem Sparschäler – lange Zesten abschälen. Dabei so wenig wie möglich von der weißen Haut abschneiden.

Die Orange auspressen und den Saft zusammen mit den Zesten und den übrigen Zutaten in einen kleinen Topf geben. 250 ml Wasser dazugießen und alles bei mittlerer Hitze zum Kochen bringen. Dann bei schwacher Hitze 30 Minuten köcheln lassen, bis die Flüssigkeit zu einem dickflüssigen Sirup eingekocht ist.

Die Orangenzesten vor dem Servieren entfernen. Die Pflaumen halten sich im Kühlschrank bis zu 1 Woche.

KOKOSEIS AM STIEL

Meine Kinder lieben dieses gesunde und leckere Eis. Es kommt ohne Milchprodukte und raffinierten Zucker aus, ist herrlich sahnig und bekommt durch die Bananen und den Honig seinen leicht süßen Geschmack. Dieses Rezept ist wirklich einfach und kann problemlos abgewandelt werden. Lassen Sie Ihrer Fantasie freien Lauf. Frische Beeren, Kokosraspel und Zitronenzesten, gehackte Nüsse oder Kakaosplitter passen hervorragend dazu (siehe Tipp). Wer kreativ sein möchte, lässt sich einfach von seinen Geschmacksknospen leiten.

ERGIBT 12 EIS AM STIEL GF, MPF, VEG, V (ohne Honig)

1 reife Banane
1 Dose Kokoscreme (400 ml)
2 EL Honig, Ahorn- oder Agavensirup
Das ausgeschabte Mark einer Vanilleschote, ersatzweise 1 TL Vanilleextrakt oder gemahlene Vanille

Die Banane schälen und in Stücke brechen. Die Kokoscreme, die Banane, den Honig und die Vanille im Mixer oder mit dem Pürierstab zu einer glatten Masse verarbeiten. Weitere Zutaten nach Belieben hinzufügen (siehe Tipp) und kurz mit der Eismasse vermischen.

Die Mischung in 12 Eisformen füllen, dann in jede Form einen kleinen Holzstiel stecken. Über Nacht, mindestens aber 5 Stunden, gefrieren.

Die Formen etwa 10 Sekunden unter warmes Wasser halten, um das Eis herauszulösen. In kurzen Abständen prüfen, ob es sich bereits herauslösen lässt.

Das Eis aus den Formen lösen, einzeln in Backpapier wickeln und in einer Frischhaltebox im Gefrierschrank aufbewahren. Das Eis hält sich tiefgekühlt bis zu 2 Wochen.

TIPP
Hier sind einige Anregungen für eigene Kreationen. Schokolade: 30 g Trinkschokolade oder ungesüßtes Kakaopulver hinzugeben. Stracciatella: 30 g Schokoladensplitter hinzugeben. Nussig: 35 g gehackte Nusskerne hinzugeben. Fruchtig: 75 g frische Beeren oder Früchte hinzugeben. Tropisch: die Zesten von 1 Zitrone plus 20 g Kokosraspel hinzugeben.

SCHOKOPUDDING MIT ROTER BETE

Leicht und locker von außen, birgt dieser Schokopudding im Inneren ein ganz besonderes Geheimnis: Rote Bete, die ihn zu einem unglaublich cremigen Genuss werden lassen. Reicht man zusätzlich heiße Schokoladensauce dazu, serviert man den Pudding am besten in kleinen Portionen. Falls Ihnen der Sinn nach Sahne steht – auch die kann man dazu servieren. Ich empfehle einen Krug mit flüssiger Schlagsahne. Dieser Pudding kann in einer großen Auflaufform oder in vier Auflaufförmchen gebacken werden.

FÜR 4 PERSONEN GF, MPF (ohne Butter), VEG

FÜR DEN PUDDING

280 g Rote Bete, geschält und gerieben
4 Bio-Eier
75 g hochwertiges ungesüßtes Kakaopulver
6 EL Honig, Ahorn- oder Agavensirup
1 EL Apfelessig
1 EL Backnatron
Etwas weiche Butter für die Form

FÜR DIE SCHOKOSAUCE

3 EL natives Kokosfett extra oder ungesalzene Butter
2 EL Honig
2 EL hochwertiges ungesüßtes Kakaopulver
1 TL Vanilleextrakt, ersatzweise gemahlene Vanille oder das ausgekratzte Mark einer Vanilleschote

Den Backofen auf 180 °C vorheizen. Alle Zutaten für den Pudding in eine große Schüssel geben und mit einem Holzlöffel gut vermischen.

Die Masse in eine leicht eingefettete Auflaufform (etwa 750 ml) geben oder auf vier Auflaufförmchen (à 250 ml) verteilen und im heißen Ofen 20 Minuten backen.

Inzwischen für die Schokoladensauce das Kokosfett mit dem Honig in einem kleinen Topf bei mittlerer Stufe schmelzen. Von der Kochstelle nehmen, dann den Kakao und die Vanille gründlich einrühren.

Am Ende der Backzeit die Schokoladensauce über den Pudding gießen und das Ganze weitere 15 Minuten backen, bis der Pudding gut aufgegangen, aber in der Mitte noch etwas weich ist. Schmeckt warm am besten.

GRANITA AUS MELONE, HIMBEEREN UND KOKOS

Diese eiskalte, süße Nachspeise weckt Erinnerungen an den Sommer – eine wunderbare Erfrischung für heiße, träge Tage. Wenn Sie noch nie zuvor eine Granita zubereitet haben, werden Sie erstaunt sein, wie unkompliziert das ist. Einfach alle Zutaten miteinander vermengen, auf einem Tablett oder Teller ausbreiten und gefrieren. Die Masse ungefähr einmal pro Stunde aus dem Gefriergerät nehmen und mit einer Gabel auflockern. Die meisten Beerensorten sind für diese Granita geeignet. Man kann auch tiefgekühlte anstelle von frischen Beeren verwenden. Vor der Zubereitung auf Raumtemperatur auftauen lassen.

FÜR 4 PERSONEN ❖ GF, MPF, VEG, V (ohne Honig)

300 g Wassermelone
250 g Himbeeren
250 ml Kokosmilch
Saft von 1 Zitrone
3 EL Honig, Ahorn- oder Agavensirup
Etwas Kokosraspel zum Servieren (nach Belieben)

Die zimmerwarme Wassermelone schälen und die Kerne sorgfältig entfernen. 300 g Fruchtfleisch abwiegen und grob hacken.

Das Wassermelonenfleisch und die Himbeeren in einem Mixer oder mit dem Pürierstab glatt pürieren. Die Kokosmilch, die Zitrone und den Honig hinzufügen und erneut 5 Sekunden mixen.

Die Masse auf zwei quadratische Auflaufformen (20 cm) oder tiefe Backbleche verteilen, etwa 1 cm dick ausstreichen und offen im Gefriergerät 3–4 Stunden gefrieren lassen. Für eine lockere Granita die Masse ungefähr stündlich mit einer Gabel auflockern, um die Eiskristalle aufzubrechen, bis die Granita eine schneeähnliche Konsistenz hat.

Die Granita hält sich in einer Frischhaltebox im Gefrierschrank bis zu 1 Woche. Zum Servieren das Eis erneut mit einer Gabel grob auflockern, in Schüsseln geben und nach Belieben mit Kokosraspeln bestreuen.

ANANASSALAT MIT KOKOS-HONIG-SIRUP UND ZIEGENKÄSE

Einige Tropfen Kokos-Honig-Sirup sorgen für eine wunderbar tropische Nuance in diesem sommerlichen Salat, der durch den Ziegenkäse eine herrlich cremige Note bekommt. Ich habe hier frischen Thymian verwendet, aber Minze schmeckt genauso gut. Warm oder gekühlt servieren.

FÜR 4 PERSONEN ❖ GF, VEG

½ reife Ananas
60 g Ziegenkäse oder Feta
1 EL Thymianblätter
60 ml natives Kokosfett
2 EL Honig, Ahorn- oder Agavensirup
Saft von 1 Zitrone

Die Ananas schälen, den harten Strunk ausschneiden und das Fruchtfleisch in mundgerechte Stücke schneiden. Die Ananasstücke auf einem großen Teller anrichten, den Käse zerkrümeln und darüber verteilen und den Thymian darüberstreuen.

Das Kokosfett mit dem Honig in einem kleinen Topf bei mittlerer Hitze schmelzen. Abseits der Kochstelle den Zitronensaft einrühren.

Den Salat mit dem Sirup beträufeln und entweder sofort servieren oder abkühlen lassen.

WÜRZIGE SCHOKO-ORANGEN-MOUSSE

Diese üppige, cremige Mousse aus natürlichen, nahrhaften Zutaten ist genau das Richtige für süße Gelüste. Das Pürieren geht leichter, wenn man die Datteln zuvor einige Stunden einweicht. Auf diese Weise wird die Mousse schön glatt. Schwelgen Sie in vollen Zügen – Ihre Gesundheit wird es Ihnen danken.

1 reife Avocado, geschält und grob zerkleinert
8–10 Medjool-Datteln
100 ml Kokoscreme
40 g hochwertiges, ungesüßtes Kakaopulver
Schale und Saft von 1 unbehandelter Orange
Das ausgeschabte Mark von 1 Vanilleschote, ersatzweise 1 TL Vanilleextrakt oder gemahlene Vanille
Etwas Meersalz
Etwas Kokosraspel zum Bestreuen

FÜR 4 PERSONEN ❖ GF, MPF, VEG, V

Die Avocado schälen, entkernen und grob zerkleinern. Die Datteln entkernen.

Die Kokoscreme in einem kleinen Topf leicht erhitzen, mit einem Schneebesen das Kakaopulver einrühren, die Masse glatt rühren und erkalten lassen.

Die Avocado, die Datteln, den Orangensaft und die Vanille mit einer kleinen Prise Meersalz in eine Küchenmaschine geben. Die abgekühlte Kakaomischung hinzufügen und das Ganze in 1–2 Minuten vollständig glatt rühren.

Die Mousse auf vier Dessertschalen (à 150 ml) verteilen und etwa 1 Stunde kühl stellen. Vor dem Servieren mit Orangenzesten und Kokosraspeln bestreuen.

Die Mousse hält sich zugedeckt im Kühlschrank bis zu 2 Tage.

KÄSEKUCHEN MIT SCHWARZEN JOHANNISBEEREN

Dieser glutenfreie Käsekuchen wird mit Kokosmehl zubereitet. Man kann auch ein anderes Mehl verwenden, muss dann aber die Menge auf 75 g erhöhen, da Kokosmehl Flüssigkeit stark absorbiert. Dinkel-, Buchweizen- und Nussmehl sind ebenfalls geeignet.

FÜR 8 PERSONEN ❖ GF, VEG

FÜR DEN KÄSEKUCHEN
- Etwas Fett für die Form
- 260 g Naturjoghurt
- 240 g Mascarpone
- 6 Bio-Eier
- 35 g Kokosmehl
- 3 EL Honig, Ahorn- oder Agavensirup
- Saft und Schale von 1 Bio-Zitrone
- Das ausgeschabte Mark von 1 Vanilleschote, ersatzweise 1 TL Vanilleextrakt oder gemahlene Vanille
- 1 kleine Prise Meersalz

FÜR DAS TOPPING
- 150 g schwarze Johannisbeeren, frisch oder tiefgekühlt
- 2 EL Honig, Ahorn- oder Agavensirup
- 50 g Mandelblättchen

Den Backofen auf 160 °C vorheizen. Eine Springform (20 cm Durchmesser) einfetten und mit Backpapier auslegen.

Alle Zutaten für den Käsekuchen in der Küchenmaschine oder mit dem elektrischen Handrührgerät glatt rühren. Den Teig in die vorbereitete Form gießen und die Oberfläche glatt streichen. Den Käsekuchen 45–50 Minuten backen, bis er durchgebacken und fest ist.

Für das Topping die schwarzen Johannisbeeren, den Honig und 60 ml Wasser in einen kleinen Topf geben. Bei mittlerer Hitze aufkochen, dann bei schwacher Hitze etwa 10 Minuten leise köcheln lassen, bis das Johannisbeerkompott schön glänzt. Von der Kochstelle nehmen und vollständig abkühlen lassen.

Am Ende der Backzeit den Käsekuchen aus dem Ofen nehmen und vollständig abkühlen lassen. Den Kuchen vorsichtig aus der Form lösen und auf eine Kuchenplatte legen. Kurz vor dem Servieren das Johannisbeerkompott darauf verteilen und das Ganze mit den Mandelblättchen bestreuen.

Der Käsekuchen hält sich in einer Frischhaltebox im Kühlschrank 2–3 Tage.

SÜSSE VERFÜHRER

Dieses Kapitel steckt voller Ideen für herrliche Leckereien wie Pistazien-Pflaumen-Trüffel, einen köstlichen Kuchen mit Rosmarin, Olivenöl und Joghurt und einen Haselnuss-Rosinen-Kuchen mit Teearoma nach einer Idee meiner Großmutter.

Alle Rezepte verwenden natürliche Süßungsmittel wie Honig oder Datteln und dazu verschiedene vollwertige und von Natur aus glutenfreie Mehlsorten. Zu meinen bevorzugten Leckerbissen gehören die saftigen Brownies auf der Grundlage von schwarzen Bohnen. Verwendet man anstelle von gewöhnlichem Mehl oder raffiniertem Zucker nährstoffreiche Alternativen mit schöner Konsistenz, ist das Ergebnis viel gesünder!

Hints on Healthy Living

EINFACHER APFEL-KOKOS-KUCHEN MIT ZIMTCREME

Da dieser saftige Kuchen aus Kokosmehl zubereitet wird, ist er frei von Nüssen, raffiniertem Zucker, Gluten oder Milchprodukten. Für subtile Süße sorgen Apfel und Honig mit einem zarten Hauch von Zimt. Wenn Sie noch nie mit Kokosmehl gebacken haben, bedenken Sie, dass es reich an Ballaststoffen ist und deshalb extrem viel Flüssigkeit aufnimmt. Dieses Mehl braucht viel Feuchtigkeit, ansonsten wird der Kuchen trocken und schmeckt grauenhaft! Lassen Sie sich von den sechs Eiern in diesem Rezept nicht beirren – der Kuchen schmeckt absolut nicht nach Ei, sondern unglaublich saftig und hat eine fabelhafte Konsistenz.

ERGIBT 8 PORTIONEN ❖ GF, MPF (ohne Sahne und Butter), VEG

FÜR DEN KUCHEN
6 Bio-Eier
250 ml natives Kokosfett oder Butter, zerlassen
4 EL Honig, Ahorn- oder Agavensirup
1 Apfel, gerieben
Abgeriebene Schale von 1 Bio-Zitrone
65 g Kokosmehl
90 g Kokosraspel
2 TL gemahlener Zimt
1 TL Backnatron
1 kleine Prise Meersalz

FÜR DIE ZIMTCREME
250 ml Schlagsahne oder Cashewcreme (Seite 116)
1–2 EL Honig, Ahorn- oder Agavensirup, nach Geschmack
1 TL gemahlener Zimt, plus etwas zusätzlich zum Bestäuben
20 g Kokosraspel

Den Backofen auf 150 °C vorheizen. Eine Kuchenform (20 cm Durchmesser) einfetten oder mit Backpapier auslegen.

Alle Zutaten für den Kuchen in der Küchenmaschine oder mit dem elektrischen Handrührgerät gut verrühren, in die Kuchenform füllen und im heißen Ofen etwa 45 Minuten backen, bis bei der Stäbchenprobe in der Mitte des Kuchens kein Teig mehr haften bleibt. Den Kuchen in der Form auskühlen lassen und auf eine Platte stürzen.

Für die Zimtcreme die Sahne steif schlagen und den Honig und 1 Teelöffel Zimt vorsichtig unterheben.

Die Zimtsahne mit einem Löffel auf dem Kuchen verteilen und mit einem Messer oder einer Kuchenpalette glatt streichen. Mit etwas Zimt bestäuben und mit den Kokosraspeln bestreuen.

Der Kuchen hält sich in einer Frischhaltebox 2–3 Tage. Mit Cashewcreme als Topping kann er im Vorratsschrank aufbewahrt werden, mit Sahne muss er in den Kühlschrank.

SCHOKOBROWNIES AUS SCHWARZEN BOHNEN UND DATTELN

Die Datteln geben diesen süßen, saftigen Brownies einen leichten Karamellgeschmack. Man käme nie auf die Idee, dass sie aus schwarzen Bohnen zubereitet wurden. Linsen und die meisten anderen gekochten Bohnen sind ebenso gut geeignet. Man sollte bei diesem Rezept auf hochwertiges Kakaopulver achten, da man den Unterschied wirklich schmeckt.

ERGIBT 9 BROWNIES ❖ GF, MPF, VEG

- 380 g schwarze Bohnen, gekocht, oder 1 Dose schwarze Bohnen (400 g)
- 160 g Medjool-Datteln, entsteint
- 55 g hochwertiges, ungesüßtes Kakaopulver
- 4 Bio-Eier
- 1 EL Apfelessig
- 1 TL Backnatron

Den Backofen auf 160 °C vorheizen. Ein etwa 20 x 24 cm großes Backblech mit hohem Rand einfetten oder mit Backpapier auslegen.

Alle Zutaten in der Küchenmaschine oder mit dem elektrischen Handrührgerät glatt rühren. Die Masse in das Backblech gießen und im heißen Ofen 30 Minuten backen. Die Brownies sollten nicht ganz durchgebacken sein, damit sie schön saftig bleiben – darauf achten, dass sie nicht trocken werden.

Die Brownies auf dem Blech 15–20 Minuten auskühlen lassen, auf ein Schneidebrett stürzen und in 9 Stücke schneiden.

Die Brownies halten sich in einer Frischhaltebox an einem kühlen, lichtgeschützten Ort 2–3 Tage.

KAROTTENKUCHEN MIT HONIG-MASCARPONE-CREME

Die breit gefächerte und doch feine Gewürzmischung in diesem Kuchen passt hervorragend zu seiner kräftigen Konsistenz – eine himmlische Kombination. Ich backe diesen Kuchen besonders gern in der kalten Jahreszeit, weil sich die Küche dann wohlig mit den warmen Düften der Gewürze und des Kuchens füllt. Für eine milchfreie Variante kann man beim Topping den Mascarpone durch die Kokoscreme mit Honig (Seite 217) ersetzen.

FÜR 8 PERSONEN ❖ GF, VEG

FÜR DEN KAROTTENKUCHEN
- 3 Bio-Eier
- 175 g Honig oder 125 ml Ahorn- oder Agavensirup
- 185 ml Olivenöl
- 200 g Mandelmehl
- 125 g Reismehl oder 100 g Buchweizenmehl
- 155 g Karotten, gerieben
- ½ TL gemahlener Kardamom
- ½ TL frisch geriebene Muskatnuss
- 1 TL gemahlener Zimt
- 1 TL gemahlener Ingwer
- ½ TL gemahlene Nelken
- 1 TL Backnatron

FÜR DIE MASCARPONECREME
- 240 g Mascarpone
- Abgeriebene Schale von 1 Bio-Zitrone
- 2 TL Honig, Ahorn- oder Agavensirup

ZUM VERZIEREN
- 2 EL Kürbiskerne
- 2 EL Kokosraspel
- 2 EL Sonnenblumenkerne

Den Backofen auf 160 °C vorheizen. Eine Kuchenform (20 cm Durchmesser) mit Backpapier auslegen.

Alle Zutaten für den Kuchen in eine große Schüssel geben, mit einem Holzlöffel sorgfältig verrühren, den Teig in die Form füllen und den Kuchen im heißen Ofen 45 Minuten backen, bis bei der Stäbchenprobe kein Teig mehr haften bleibt. Den Kuchen in der Form auskühlen lassen und auf eine Kuchenplatte stürzen.

Für die Mascarponecreme den Mascarpone, die Zitronenschale und den Honig in eine Schüssel geben und mit einem Holzlöffel gut vermischen.

Die Mascarponecreme mit einem Löffel auf dem ausgekühltem Kuchen verteilen und mit einem Messer oder einer Backpalette glatt streichen. Die Kürbiskerne, die Kokosraspeln und die Sonnenblumenkerne darüberstreuen.

Der Kuchen hält sich in einer Frischhaltebox im Kühlschrank 2–3 Tage.

SCHOKOLADENKUCHEN MIT HIMBEEREN UND KOKOS

Dieser nur mit guten, nährstoffreichen Zutaten zubereitete Schokoladenkuchen schmeckt herrlich üppig und saftig. Er wird mit wenig Honig und Himbeeren gesüßt, kommt ohne raffinierten Zucker aus – sofern man auf das Bestäuben mit Puderzucker verzichtet – und ist durch die Verwendung von Kokosmehl gluten- und milchfrei. Das Kokosmehl kann in diesem Rezept durch 100 g gemahlene Nüsse ersetzt werden. Der Kuchen schmeckt besonders gut mit frischer Sahne, Kokoscreme mit Honig (Seite 217) oder Naturjoghurt.

FÜR 8 PERSONEN ❖ GF, MPF (ohne Butter), VEG

3 EL natives Kokosfett extra oder Butter
4 EL Honig, Ahorn- oder Agavensirup
125 g Himbeeren, frisch oder tiefgekühlt, oder andere Früchte Ihrer Wahl
5 Bio-Eier
65 g Kokosmehl
55 g hochwertiges ungesüßtes Kakaopulver
½ TL Backnatron
Puderzucker zum Bestäuben

Den Backofen auf 150 °C vorheizen. Eine Kuchenform (20 cm Durchmesser) einfetten oder mit Backpapier auslegen.

Das Kokosfett mit dem Honig in einem kleinen Topf bei mittlerer Hitze schmelzen und abkühlen lassen.

Die Himbeeren in der Küchenmaschine oder mit dem elektrischen Handrührgerät zu einem homogenen Brei verrühren. Die restlichen Zutaten sowie die abgekühlte Kokosfettmischung dazugeben und den Teig glatt rühren. Den Teig in die Kuchenform füllen und im heißen Ofen 25–30 Minuten backen, bis bei der Stäbchenprobe kein Teig mehr haften bleibt. Den Kuchen in der Form abkühlen lassen, auf eine Platte stürzen und nach Belieben mit Puderzucker bestäuben.

Dieser Kuchen hält sich in einer Frischhaltebox im Kühlschrank 2–3 Tage.

PEKANTARTE MIT AHORNSIRUP

Ich schwärme geradezu für diese vollwertige Version eines klassischen Tortenbodens mit Belag. Die außergewöhnlich leichte Füllung schafft eine wunderbar cremige, seidig-glatte Grundlage für die Pekannüsse. Wer Ahornsirup mag, wird kaum einen größeren Genuss finden – am allerbesten aber ist die unkomplizierte Zubereitung.

FÜR 8 PERSONEN GF (ohne Dinkel), MPF (ohne Butter), VEG

FÜR DEN TEIG
- 65 g Buchweizenmehl oder 80 g Reismehl oder 50 g Dinkelmehl
- 125 g Reismehl
- 45 g Tapioka oder Kartoffelmehl oder 30 g Stärkemehl
- 60 ml natives Kokosfett extra oder Butter, zerlassen
- 2 EL Honig, Ahorn- oder Agavensirup
- 1 Bio-Ei
- 1 kleine Prise Meersalz

FÜR DIE FÜLLUNG
- 125 ml Ahornsirup
- 60 g Butter oder 60 ml natives Kokosfett extra
- 4 Bio-Eier
- Das ausgeschabte Mark von 1 Vanilleschote, ersatzweise 1 TL Vanilleextrakt oder gemahlene Vanille
- 50 g ganze Pekannüsse

Für den Teig alle Mehle, das Kokosfett und den Honig mit einer Prise Meersalz in der Küchenmaschine oder mit dem elektrischen Handrührgerät in etwa 1 Minute zu einer bröseligen Masse verarbeiten. Das Ei dazugeben und alles zu einem glatten Teig verkneten. Den Teig zu einer Kugel formen, in Frischhaltefolie einschlagen und 20 Minuten in den Kühlschrank stellen.

Den Backofen auf 180 °C vorheizen. Eine Tortenbodenform (24 cm) einfetten. Den Teig auf einer leicht bemehlten Arbeitsfläche zu einer runden, etwa 5 mm dicken Scheibe etwas größer als die Form ausrollen. Den Teig behutsam auf den Boden und an den Rand der Form drücken. Die Teigränder abschneiden und den Boden mehrmals mit einer Gabel einstechen.

Den Tortenboden im heißen Ofen in 10–15 Minuten goldgelb backen. Aus dem Ofen nehmen und in der Form etwas abkühlen lassen.

Für die Füllung den Ahornsirup und die Butter bei mittlerer Hitze schmelzen, von der Kochstelle nehmen und leicht abkühlen lassen. Die Eier einzeln und nacheinander mit dem Schneebesen darunterrühren. Rasches Arbeiten ist hier wichtig, damit sie nicht stocken. Die Vanille einrühren.

Die Füllung auf den Tarteboden gießen und die Pekannüsse gleichmäßig darüber verteilen. Die Tarte in 25–30 Minuten fertig backen. Sie schmeckt frisch gebacken und warm am besten.

GRANOLA-KEKSE

Die feine Süße der Datteln in diesen Keksen ist einfach umwerfend. Sie sind herrlich weich und haben eine tolle Konsistenz. Ich mache die Kekse mindestens einmal in der Woche, weil sie gesunde Pausensnacks für die Schule sind. Dies hier ist das einfache Grundrezept, das jederzeit durch getrocknete Cranberrys, Chia-Samen oder Ihre Lieblingszutaten ergänzt werden kann. Jede Art von Nussmus ist für diese Kekse geeignet. Ich mag neben Erdnussbutter auch Mandel- und Cashewmus.

ERGIBT ETWA 16 KEKSE GF, MPF, VEG, V

100 g Mandelmehl
140 g Erdnussbutter
75 g gemischte Körner wie Sesamsamen, Sonnenblumenkerne und Kürbiskerne
160 g Medjool-Datteln, entsteint
Das ausgeschabte Mark von 1 Vanilleschote, ersatzweise 1 TL Vanilleextrakt oder gemahlene Vanille
½ TL Backnatron
1 kleine Prise Meersalz

Den Backofen auf 160 °C vorheizen. Ein großes Backblech mit Backpapier auslegen.

Alle Zutaten für den Teig mit der Küchenmaschine oder dem elektrischen Handrührgerät in einigen Minuten zu einem Teig verarbeiten – das dauert in der Regel einige Minuten, und vermutlich muss der Teig zwischendurch von den Wänden der Rührschüssel geschabt werden.

Den Teig mit den Händen zu kleinen Kugeln formen und auf das Backblech legen. Sie können ziemlich nah nebeneinander gesetzt werden, weil diese Kekse während des Backens nicht verlaufen. Mit einer Gabel oder mit den Händen die Kugeln zu flachen Keksen drücken und im heißen Ofen in 12–15 Minuten goldgelb backen. Auf dem Backblech abkühlen lassen.

Die Kekse halten sich in einer Frischhaltebox an einem kühlen, lichtgeschützten Ort 3–4 Tage.

PISTAZIEN-PFLAUMEN-TRÜFFELN

Diese schokoladigen Trüffeln gehören zu meinen Favoriten, weil sie sehr leicht zuzubereiten und trotzdem so edel sind. Sie enthalten nur ganz wenige einfache und nährstoffreiche Zutaten, sind gluten- und milchfrei und kommen ohne raffinierten Zucker aus. Genau das Richtige, wenn einem der Sinn nach einer besonderen Leckerei steht.

ERGIBT ETWA 25 TRÜFFELN GF, MPF, VEG, V

110 g rohe Pistazienkerne
105 g Pflaumen, entsteint
30 g hochwertiges, ungesüßtes Kakaopulver

Die Pistazien in einer Küchenmaschine grob zermahlen. 35 g der gemahlenen Pistazien zum Wälzen der Trüffeln beiseitestellen.

Die Pflaumen und das Kakaopulver zu den restlichen Pistazien geben und alles 1–2 Minuten vermischen, bis die Masse eine teigartige Konsistenz hat.

Die Masse mit den Händen zu kleinen Kugeln formen. Feuchtet man die Hände mit Wasser an, bleibt die Masse nicht haften.

Die Kugeln in den restlichen gemahlenen Pistazien wälzen und mindestens 30 Minuten kalt stellen.

Die Trüffeln können in einer Frischhaltebox bei Raumtemperatur aufbewahrt werden, ich mag sie aber am liebsten gekühlt. Sie halten sich 3–4 Tage.

ROSENWASSER-MANDEL-KUCHEN

Dieser schlichte Mandelkuchen besticht durch seine feine Rosenwassernote, die durch reichlich Zitronenschale abgerundet wird. Ein Stück dieses Kuchens stillt perfekt den Appetit auf etwas Süßes, Saftiges und Wohltuendes.

FÜR 8 PERSONEN ❖ GF, MPF (ohne Butter) , VEG

- 200 g Mandelmehl
- 3 Bio-Eier
- 4 EL Honig, Ahorn- oder Agavensirup
- 80 ml natives Kokosfett extra oder 80 g Butter
- Abgeriebene Schale von 2 Bio-Zitronen
- 2 EL Rosenwasser
- 1 TL Backnatron
- 35 g Mandelblättchen
- Unbehandelte Rosenblätter zum Verzieren (nach Belieben)

Den Backofen auf 160 °C vorheizen. Eine Kuchenform (20 cm Durchmesser) einfetten oder mit Backpapier auslegen.

Das Mandelmehl, die Eier, den Honig und das Kokosfett in eine Rührschüssel geben. Die Zitronenschale, das Rosenwasser und das Backnatron dazugeben und alles mit der Küchenmaschine oder dem elektrischen Handrührgerät zu einem glatten Teig verrühren.

Den Teig in die Kuchenform füllen, mit den Mandeln bestreuen und im heißen Ofen 35–40 Minuten backen, bis bei der Stäbchenprobe kein Teig mehr haften bleibt.

Den Kuchen vollständig in der Form abkühlen lassen, auf eine Kuchenplatte stürzen und nach Belieben mit einigen Rosenblättern verzieren.

Dieser Kuchen hält sich in einer Frischhaltebox an einem kühlen, lichtgeschützten Ort 2–3 Tage.

ORANGENMUFFINS MIT KAKAOSPLITTERN

Diese Muffins sind eine Variante des Schokoladenkuchens mit gekochten Orangen, der zu den beliebtesten Rezepten in meinem Blog gehört. Ich habe den Kakao hier weggelassen und die Muffins stattdessen mit Kakaosplittern für einen knusprigen Schokoladegenuss bestreut. Ich reiche diese leckeren Muffins gern mit einem Klecks Schlagsahne.

FÜR 12 STÜCK GF, MPF (ohne Schlagsahne), VEG

2 Bio-Orangen
200 g Mandelmehl
4 EL Honig, Ahorn- oder Agavensirup
5 Bio-Eier
1 TL Backnatron
35 g Kakaosplitter zum Bestreuen
Etwas Schlagsahne nach Belieben

Die ganzen Orangen in einen großen Topf geben und mit Wasser bedecken, aufkochen und bei schwacher Hitze zugedeckt 1 Stunde köcheln lassen. Abgießen und abkühlen lassen.

Den Backofen auf 160 °C vorheizen. Die 12 Mulden eines normalen Muffinblechs einfetten.

Die Orangen in Stücke schneiden und in der Küchenmaschine oder mit dem Pürierstab mit Schale, Kernen und Fruchtfleisch zu einer glatten Masse verarbeiten.

Das Mandelmehl, den Honig, die Eier und das Backnatron zum Orangenpüree geben das Ganze glatt rühren. Den Teig gleichmäßig auf die Muffinmulden verteilen, mit den Kakaosplittern bestreuen und im heißen Ofen 25–30 Minuten backen, bis bei der Stäbchenprobe kein Teig haften bleibt.

Am Ende der Backzeit die Muffins 10 Minuten in der Form abkühlen lassen und auf ein Kuchengitter stürzen.

Die Muffins halten sich in einer Frischhaltebox an einem kühlen, lichtgeschützten Ort 2–3 Tage.

HASELNUSS-ROSINEN-KUCHEN MIT TEEAROMA

Dieser saftige, auf der Zunge zergehende Kuchen ist nach einem Rezept meiner Großmutter entstanden. Die Rosinen lässt man zunächst in Tee ziehen und süßt sie dann mit ein wenig Honig, damit das Aroma voll zur Geltung kommt. Das Naturreismehl kann durch 100 g Dinkelmehl oder 130 g Buchweizenmehl ersetzt werden. Dieser Kuchen schmeckt am nächsten Tag sogar noch besser.

FÜR 8 PERSONEN ❖ GF, MPF (ohne Butter), VEG

170 g Rosinen
3 Teebeutel (ich bevorzuge English Breakfast, aber Earl Grey ist auch gut geeignet)
6 EL Honig, Ahorn- oder Agavensirup
160 g natives Kokosfett extra oder 160 g Butter, plus etwas für die Form
110 g Haselnussmehl
3 Bio-Eier, leicht verquirlt
½ TL frisch geriebene Muskatnuss
½ TL gemahlener Ingwer
½ TL gemahlener Zimt
1 TL Backnatron
1 EL Apfelessig
160 g Naturreismehl

Die Rosinen mit den Teebeuteln in einen kleinen Topf geben, mit Wasser bedecken, aufkochen und bei schwacher Hitze offen 10–15 Minuten köcheln lassen, bis das Wasser weitgehend verdampft ist.

Den Honig und das Kokosfett zu den Rosinen geben und unter Rühren schmelzen, dann von der Kochstelle nehmen und abkühlen lassen.

Den Backofen auf 160 °C vorheizen. Eine Bundform (25 cm Durchmesser) oder eine Kuchenform (20 cm Durchmesser) einfetten.

Das Haselnussmehl, die Eier, die Gewürze, das Backnatron und den Essig in eine große Schüssel geben. Das Mehl darübersieben, dann die abgekühlte Rosinenmischung dazugeben und alles mit einem Holzlöffel gut vermengen. Den Teig in die Kuchenform füllen und 40–50 Minuten backen, bis bei der Stäbchenprobe kein Teig mehr haften bleibt.

Am Ende der Backzeit den Kuchen in der Form vollständig abkühlen lassen, dann auf eine Kuchenplatte stürzen.

Der Kuchen hält sich sich in einer Frischhaltebox an einem kühlen, lichtgeschützten Ort 4–5 Tage.

ZITRONEN-KOKOS-TRÜFFELN

Wenn Sie Zitronen mögen, werden diese ausschließlich aus natürlichen und nährstoffreichen Zutaten hergestellten Trüffeln Sie begeistern – ein purer Genuss ohne schlechtes Gewissen.

FÜR ETWA 25 STÜCK ❖ GF, MPF (ohne Butter), VEG

180 g Kokosraspel
100 g Mandelmehl
80 g natives Kokosfett oder Butter
115 g Honig
Abgeriebene Schale und Saft von 1 Bio-Zitrone
Das ausgeschabte Mark von 1 Vanilleschote, ersatzweise 1 TL Vanilleextrakt oder gemahlene Vanille
1 Prise Meersalz

Zum Wälzen der Trüffeln 45 g der Kokosraspel in eine Schüssel geben und beiseitestellen. Die restlichen Kokosraspel zusammen mit den übrigen Zutaten in der Küchenmaschine oder mit dem elektrischen Handrührgerät 1–2 Minuten zu einer homogenen Masse verrühren.

Die Masse mit den Händen zu kleinen Kugeln rollen, diese in den zurückbehaltenen Kokosraspeln wälzen, auf einen Teller legen und mindestens 30 Minuten kalt stellen.

Die Trüffeln können in einer Frischhaltebox bei Zimmertemperatur aufbewahrt werden, ich mag sie aber am liebsten gekühlt. Sie halten sich 3–4 Tage.

KOKOS-BANANEN-KUCHEN MIT SCHWARZEN JOHANNISBEEREN

Dieses Rezept entstand, als ich auf der Suche nach einem gesunden Kuchen war, der fast allen Kindern schmecken würde. Dieser saftige Kuchen erhält seine natürliche Süße durch die Bananen und eine leicht säuerliche Note durch die schwarzen Johannisbeeren, die nach Belieben durch andere Früchte ersetzt werden können. Er ist perfekt für ein Picknick, kann warm und mit Sahne als Dessert gereicht werden und schmeckt mit einem großen Klecks Joghurt sogar zum Frühstück.

FÜR 8 PERSONEN ❖ GF, MPF, VEG

4 Bio-Eier
2 reife Bananen, geschält
185 g Nussmus (ich bevorzuge Mandelmus)
80 g Kokosraspel
1 TL Backnatron
75 g schwarze Johannisbeeren, frisch oder tiefgekühlt

Den Backofen auf 160 °C vorheizen. Eine Kuchenform (20 cm Durchmesser) einfetten oder mit Backpapier auslegen.

Die Eier mit den Bananen in eine Rührschüssel geben und in der Küchenmaschine oder mit dem elektrischen Handrührgerät glatt rühren. Das Mandelmus, 65 g Kokosraspel und das Backnatron hinzufügen und erneut glatt rühren.

Den Teig in die Kuchenform gießen, mit den schwarzen Johannisbeeren und den restlichen Kokosraspeln bestreuen und im heißen Ofen 35–40 Minuten backen, bis bei der Stäbchenprobe kein Teig mehr haften bleibt.

Am Ende der Backzeit den Kuchen in der Form abkühlen lassen und auf eine Kuchenplatte stürzen.

Der Kuchen hält sich sich in einer Frischhaltebox an einem kühlen, lichtgeschützten Ort 2–3 Tage.

DIE BESTE NUSSCREME-SCHOKOLADE

Im Ernst, diese unglaubliche Schokolade schmilzt auf der Zunge wie keine andere. Nachdem ich sie zum ersten Mal zubereitet hatte, hat meine Familie die gesamte Menge an einem Tag verspeist. Die nur aus nährstoffreichen und gesunden Zutaten zubereitete »Schokolade« ist herrlich cremig und ein purer Genuss. Ich bewahre sie gern im Gefrierschrank auf, weil sie mir gefroren besonders gut schmeckt, man kann sie aber auch gut im Kühlschrank aufbewahren. Das Kokosfett kann durch Kakaobutter oder Butter ersetzt werden. Ich verwende hier Mandelmus, aber Erdnuss- oder Cashewmus schmecken ebenso gut. Für eine kleinere Menge können die Zutaten halbiert werden.

FÜR ETWA 15 GROSSE STÜCKE ❖ GF, MPF, VEG, V (ohne Honig)

175 g Honig oder 125 ml Ahorn- oder Agavensirup
270 g natives Kokosfett extra
125 g Nussmus
55 g hochwertiges ungesüßtes Kakaopulver
Etwas Meersalz

Eine etwa 20 x 24 cm große flache Backform mit Backpapier auslegen.

Den Honig zusammen mit dem Kokosfett und dem Nussmus in einem kleinen Topf bei schwacher Hitze schmelzen. Das Kakopulver und eine Prise Meersalz hinzufügen und alles mit dem Schneebesen glatt rühren.

Die Schokoladenmasse vorsichtig in die Backform gießen und 1–2 Stunden in den Gefrierschrank stellen.

Die erhärtete Masse aus der Form nehmen, auf eine Arbeitsfläche legen und vorsichtig das Backpapier abziehen. Die Masse mit den Händen in mundgerechte Stücke brechen.

Die Schokolade hält sich in einer Frischhaltebox bis zu 2 Wochen im Kühlschrank oder bis zu 1 Monat im Gefriergerät.

KUCHEN MIT ROSMARIN, OLIVENÖL UND JOGHURT

Dieser Kuchen ist wirklich kinderleicht zu backen. Der fein gehackte Rosmarin, der hier für eine aromatische, rustikale Note sorgt, passt hervorragend zur spritzigen Säure der Zitrone. Auch der Joghurt trägt zum leicht herben Geschmack dieses saftigen Kuchens bei, der das ganze Jahr über gut schmeckt.

FÜR 8 PORTIONEN ❖ GF (ohne Dinkelmehl), MPF (ohne Joghurt), VEG

- 100 g Mandelmehl
- 160 g Reismehl oder 130 g Buchweizenmehl oder 100 g Dinkelmehl
- 4 Bio-Eier
- Abgeriebene Schale von 2 Bio-Zitronen
- 200 g Naturjoghurt oder Kokoscreme
- 4 EL Honig, Ahorn- oder Agavensirup
- 125 ml Olivenöl
- 2 EL fein gehackter Rosmarin, plus einige Blätter zum Garnieren
- 1 TL Backnatron

Den Backofen auf 150 °C vorheizen. Eine Bundform (20 cm Durchmesser) einfetten.

Alle Zutaten in eine Rührschüssel geben und mit dem elektrischen Handrührgerät glatt rühren. Mit der Küchenmaschine geht es noch besser. Den Teig in die Kuchenform gießen, mit etwas Rosmarin bestreuen und im heißen Ofen 45 Minuten backen, bis bei der Stäbchenprobe kein Teig mehr haften bleibt.

Am Ende der Backzeit den Kuchen in der Form abkühlen lassen und auf eine Kuchenplatte stürzen.

Der Kuchen hält sich sich in einer Frischhaltebox an einem kühlen, lichtgeschützten Ort 3–4 Tage.

DINKELMUFFINS MIT FEIGEN UND ZITRONE

Da Feigen, Honig und Zitrone von Natur aus vorzüglich zusammenpassen, sind diese leichten, lockeren Muffins ein echter Hochgenuss. Die subtile Note des Dinkelmehls liefert die perfekte Kulisse für die herrliche Süße der Feigen. Genau das Richtige für einen sonnigen Tag im Park!

FÜR 6 MUFFINS ❖ GF (ohne Dinkelmehl), MPF (ohne Butter), VEG

2 Bio-Eier
4 EL Honig, Ahorn- oder Agavensirup
80 ml natives Kokosfett extra oder zerlassene Butter
125 ml Kokosmilch
200 g Dinkelmehl oder 320 g Reismehl oder 260 g Buchweizenmehl
1 TL Backnatron
185 g getrocknete Feigen, grob gehackt
Abgeriebene Schale von 2 Bio-Zitronen
Pinienkerne zum Bestreuen

Den Backofen auf 180 °C vorheizen. Ein Muffinblech mit 12 Mulden zur Hälfte (sechs Mulden) einfetten.

Die Eier, den Honig, das Kokosfett und die Kokosmilch in eine große Schüssel geben, mit dem elektrischen Handrührgerät gut verrühren, dann das Mehl und das Backnaron einsieben und unterrühren. Zuletzt die Feigen und die Zitronenschale behutsam unter den Teig heben.

Den Teig gleichmäßig auf die Muffinmulden verteilen, mit den Pinienkernen bestreuen und die Muffins im heißen Ofen etwa 25 Minuten backen, bis bei der Stäbchenprobe kein Teig mehr haften bleibt.

Am Ende der Backzeit die Muffins 10 Minuten in der Form abkühlen lassen und auf ein Kuchengitter stürzen.

Diese Muffins halten sich in einer Frischhaltebox ungefähr 1 Tag, schmecken aber frisch am besten. Gefroren kann man sie bis zu 2 Monate aufbewahren.

SONNENBLUMENCRACKER MIT KRÄUTERN

Die wichtigsten Zutaten dieser pikanten, knusprigen und ausgesprochen leckeren Cracker sind Sonnenblumenkerne und Sesamsamen, aufgepeppt mit etwas Knoblauch und Thymian – zwar nicht süß, aber dennoch ausgesprochen verführerisch!

ERGIBT ETWA 20 CRACKER ❖ GF, MPF, VEG, V

3 Knoblauchzehen
145 g Sonnenblumenkerne
1 TL Meersalz
75 g Sesamsamen
1 Handvoll Thymianblätter, fein gehackt
1 EL Olivenöl

Den Backofen auf 180 °C vorheizen. Ein Backblech mit Backpapier auslegen.

Den Knoblauch schälen. Die Sonnenblumenkerne, das Salz und den Knoblauch in einen Zerkleinerer, zum Beispiel eine Moulinette, geben und zerkleinern, bis die Sonnenblumenkerne eine mehlähnliche Konsistenz annehmen. Das Sonnenblumenmehl in eine Rührschüssel geben.

Die Sesamsamen, den Thymian und das Olivenöl zum Sonnenblumenmehl geben und alles mit den Knethaken des elektrischen Handrührgeräts vermischen. Langsam und nacheinander 3–5 EL Wasser dazumischen, bis die Masse eine teigähnliche Konsistenz hat.

Die Masse auf das vorbereitete Backblech geben und mit einem Bogen Backpapier bedecken. Mit einer Teigrolle die Masse etwa 5 mm dick ausrollen, dann das Backpapier entfernen. Mit einem Messer Kerben in die Masse ritzen, sodass 20 quadratische, ca. 6 cm große Stücke entstehen.

Die Cracker im heißen Ofen in 10–15 Minuten goldbraun backen, auf dem Backblech abkühlen lassen und mit den Händen entlang der Kerben in Stücke brechen.

Die Cracker halten sich sich in einer Frischhaltebox an einem kühlen, lichtgeschützten Ort bis zu 2 Wochen.

HERZHAFTE NUSS-KNABBER-MISCHUNG

Diese köstlichen, salzig-süßen, knusprigen Nüsse sind in weniger als 10 Minuten fertig. Achtung, es besteht Suchtgefahr – hohe Suchtgefahr!

FÜR 300 G ❖ GF, MPF, VEG, V (ohne Honig)

60 ml natives Olivenöl extra
300 g gemischte Nusskerne
1 Handvoll Rosmarinblätter
3 EL Ahornsirup, Honig oder Agavensirup
1 TL Meersalz

Einen Bogen Backpapier auf ein Backblech oder ein Schneidebrett aus Holz legen.

Das Olivenöl in einer Pfanne erhitzen. Die Nüsse und den Rosmarin in das heiße Öl geben und bei mittlerer Hitze unter Rühren braten, bis alle Nüsse rundum mit Öl überzogen sind. Vorsicht, das heiße Öl kann spritzen! Weitere 2 Minuten rühren, dann die Hitze reduzieren.

Den Ahornsirup zu den Nüssen geben und bei schwacher Hitze 1 weitere Minute unter Rühren braten. Die Nüsse mit dem Salz bestreuen, die Pfanne von der Kochstelle nehmen und die Nüsse mit einem Löffel oder Pfannenwender aus Metall auf dem Backpapier in einer Lage ausbreiten, damit der Sirup fest werden kann.

Die Knabbermischung vollständig abkühlen lassen. In einer Frischhaltebox oder einem Glas aufbewahren. Die Nüsse halten sich an einem kühlen, lichtgeschützten Ort 3–4 Wochen.

GETRÄNKE

Ein Glas Heidelbeerlimonade, gesüßt mit Honig, ist ein wunderbares Erfrischungsgetränk für einen heißen Sommertag. Vielleicht klingt ja auch hausgemachter Pfirsich-Honig-Sirup, verdünnt mit Sprudelwasser und Eiswürfeln, verlockend. In diesem Kapitel findet man eine Auswahl natürlich gesüßter, durststillender Getränke, aber auch warme, wohltuende Seelentröster für kalte Abende.

In den kalten Monaten sorgt ein Becher mit dunkler, heißer Schokolade aus sahniger Haselnussmilch mit feinen Gewürzen für wohlige Wärme von innen. Außerdem gibt es ein Rezept für leckeren Glühwein mit Granatapfel und Honig, wie ich ihn gern mit einer guten Flasche Rotwein aus der Weinkellerei meines Schwiegervaters zubereite.

HEISSER GEWÜRZPUNSCH MIT APFEL UND ZIMT

Dieses herrlich wärmende Wohlfühlgetränk schmeckt wie Streuselkuchen mit Äpfeln und Zimt in flüssiger Form. Achten Sie beim Apfelsaft auf bestmögliche Qualität. Ein naturtrüber Saft, am besten Bio, ist optimal.

FÜR 1 LITER ❖ GF, MPF, VEG, V

1 l hochwertiger Apfelsaft
Saft von 1 Zitrone
1 TL gemahlener Ingwer
3–4 Zimtstangen
6 ganze Gewürznelken

Alle Zutaten in einen großen Topf geben und auf mittlerer Stufe leicht aufkochen lassen. Die Hitze auf eine niedrige Stufe reduzieren und den Punsch unter gelegentlichem Umrühren etwa 10 Minuten köcheln lassen.

In hitzefesten Bechern oder Teetassen servieren.

GLÜHWEIN MIT GRANATAPFEL UND HONIG

Granatapfelsaft verleiht diesem warmen, sanft gewürzten Glühwein eine leicht herbe Note, die perfekt durch den Zusatz von ein wenig Honig abgerundet wird. Der Granatapfelsaft kann problemlos durch Cranberrysaft ersetzt werden. Dieser Glühwein ist schnell gemacht – einfach alle Zutaten in einen Topf geben und köcheln lassen, bis das herrliche Aroma der Gewürze die Küche füllt. Glühwein sollte schön heiß getrunken werden.

FÜR 4 PERSONEN ❖ GF, MPF, VEG

1 Bio-Orange
750 ml hochwertiger Rotwein
500 ml ungesüßter Granatapfelsaft
100 g Honig
5 Zimtstangen
5 ganze Gewürznelken
4 Sternanis
1 TL frisch geriebene Muskatnuss
1 TL gemahlener Ingwer

Mit einem Zestenreißer oder einem Sparschäler lange Zesten von der Orange abschälen. Darauf achten, dass die weiße Haut an der Orange bleibt. Die Orange auspressen.

Die Orangenzesten mit dem Orangensaft und den übrigen Zutaten in einen großen Topf geben. Unter Rühren den Honig auflösen und alles bei schwacher Hitze langsam erwärmen. Darauf achten, dass die Mischung nicht kocht. Bei schwächster Hitze 5–10 Minuten eher ziehen als köcheln lassen.

Die Orangenzesten entfernen. Den Glühwein in hitzebeständige Tassen oder Gläser füllen und servieren.

HEISSE SCHOKOLADE MIT GEWÜRZEN

Bei dieser heißen Schokolade dreht sich alles um Gewürze – Zimt, Muskatnuss und Nelken. Ich nehme dafür am liebsten Haselnussmilch, die aber durch jede beliebige andere Milch, Hafermilch, Kuhmilch oder Kokosmilch ersetzt werden kann. An einem heißen Tag schmeckt sie kalt mit ein paar Eiswürfeln darin nicht weniger göttlich.

FÜR 2 PERSONEN ❖ GF, MPF, VEG, V (ohne Honig)

- 2 Zimtstangen
- 1 TL frisch geriebene Muskatnuss
- 6 ganze Gewürznelken
- 30 g hochwertiges, ungesüßtes Kakaopulver
- 90 g Honig oder 60 ml Ahorn- oder Agavensirup
- 500 ml Haselnussmilch

Den Zimt, die Muskatnuss, die Nelken, den Kakao und den Honig mit 250 ml Wasser in einen großen Topf geben. Bei mittlerer Hitze aufwallen lassen, den Honig unter Rühren auflösen und alles bei schwacher Hitze 5 Minuten köcheln lassen.

Die Milch einrühren und die Schokolade etwa 1 Minute erhitzen, bis die Mischung gerade eben köchelt.

In hitzefeste Becher oder Teetassen füllen und servieren.

PFIRSICHSIRUP MIT HONIG

Für mich ist das ein toller Sirup! Mit Wasser vermischt – mit oder ohne Kohlensäure – wird daraus ein erfrischendes Getränk. Pur kann er sogar als Sauce für Joghurt oder Eiscreme verwendet werden. Wenn frische Pfirsiche gerade nicht Saison haben, kann man auch Konserven – zwei Dosen Pfirsiche à 400 g – verwenden. Die Pfirsiche vor der Zubereitung abtropfen lassen.

ERGIBT ETWA 250 ML ❖ GF, MPF, VEG, V (ohne Honig)

Saft von 1 Zitrone
5 Pfirsiche, geschält, entsteint und gehackt
175 g Honig oder 125 ml Ahorn- oder Agavensirup

Den Zitronensaft, die Pfirsiche und den Honig mit 500 ml Wasser in einen großen Topf geben. Auf mittlerer Stufe aufkochen, dann bei mäßiger Hitze in etwa 45 Minuten auf die Hälfte einkochen lassen.

Den Sirup durch ein feinporiges Tuch (Seihtuch) oder ein sehr feinmaschiges Sieb in eine sterilisierte Glasflasche oder ein Einmachglas abseihen.

Zum Servieren drei Teile Wasser – mit oder ohne Kohlensäure – mit einem Teil Sirup vermischen. Dieses Mengenverhältnis kann nach Belieben verändert werden.

Der Sirup hält sich im Kühlschrank 3–4 Tage.

SONNENGEBRÜHTER MINZE-ZITRONEN-TEE

Für diese etwas andere Technik, Tee aufzugießen, brauchen Sie nichts weiter als das natürliche Sonnenlicht auf Ihrer Terrasse oder der Fensterbank in Ihrer Küche und dazu ein Einmachglas mit 1 Liter Fassungsvermögen. Geben Sie, nachdem der Tee lange genug gezogen hat, einige Eiswürfel hinzu, lehnen Sie sich entspannt zurück und genießen Sie dieses erfrischende, eisgekühlte Getränk.

FÜR 3–4 PERSONEN ❖ GF, MPF, VEG, V (ohne Honig)

- 4 Teebeutel nach Geschmack
- 1 Handvoll Minzeblätter
- 1 Bio-Zitrone, in Scheiben geschnitten
- 1–2 EL Honig, Ahorn- oder Agavensirup
- 1 l gefiltertes Wasser

Das Einmachglas in einem großen Topf mit kochendem Wasser 10 Minuten sterilisieren. Die Art der Zubereitung dieses Tees bietet einen idealen Nährboden für Bakterien, deshalb ist dieser Schritt sehr wichtig.

Die Teebeutel, die Minze, die Zitrone und, falls verwendet, den Honig in das Glas geben, verrühren und mit dem gefilterten Wasser aufgießen.

Das Glas verschließen, an einen sonnigen Platz stellen und 2–3 Stunden ziehen lassen.

Den Tee in Tassen oder Gläser abseihen und mit Eiswürfeln genießen.

SPRITZIGE HEIDELBEER-HONIG-LIMONADEE

Der perfekte Durstlöscher für einen heißen Sommertag. Die mit Honig gesüßte Limonade erhält ihren frischen, spritzigen Kick durch den Zitronensaft. Verwenden Sie möglichst Bio-Zitronen. Zum Aufgießen verwende ich Mineralwasser mit Kohlensäure, stilles Wasser schmeckt aber genauso gut.

FÜR 6 PERSONEN ❖ GF, MPF, VEG, V (ohne Honig)

- 250 ml frisch gepresster Zitronensaft
- 100 g Honig oder 80 ml Ahorn- oder Agavensirup
- 400 g Heidelbeeren
- 1 l Mineralwasser mit Kohlensäure

Den Zitronensaft und 250 ml Wasser in einen kleinen Topf geben. Den Honig einrühren und drei Viertel der Heidelbeeren dazugeben. Das Ganze bei mittlerer Hitze aufkochen lassen, dann die Hitze sofort reduzieren und 5 Minuten köcheln lassen. Von der Kochstelle nehmen und abkühlen lassen.

Den Heidelbeersirup durch ein Sieb in ein großes Glasgefäß oder einen Krug abseihen und mit Mineralwasser auffüllen.

Die Limonade auf Gläser verteilen und jeweils und ein oder zwei Eiswürfel hinzugeben. Die restlichen Heidelbeeren auf die Gläser verteilen.

ERDNUSSBUTTER-MILCHSHAKE

Die Erdnussbutter sorgt für die cremige Textur dieses mit etwas Honig und Banane gesüßten, köstlich nussigen Milchshakes. Ich genieße ihn gern nachmittags, wenn ich eine Dosis gesunder Proteine brauche. Hafermilch, Kuhmilch und Kokosmilch eignen sich gut für diesen Milchshake, den man einfach probiert haben muss.

FÜR 2–3 PERSONEN ❖ GF, MPF (ohne Kuhmilch), VEG, V (ohne Kuhmilch und Honig)

1 reife Banane, geschält
500 ml Milch nach Geschmack
90 g Erdnussbutter
2 EL Honig, Ahorn- oder Agavensirup
4–5 Eiswürfel

Alle Zutaten in einen Mixer geben und zu einem sämigen Smoothie pürieren. Sofort servieren

VANILLE-MILCHSHAKE MIT ZIMT UND DATTELN

Dieser einfache, wunderbar cremige Milchshake ist mit seinem leichtem Karamellgeschmack, der von den Datteln kommt, bei uns zu Hause besonders nach der Schule der große Renner. Ich verwende gern Vollmilch von der Kuh, habe ihn aber auch schon mit halb Kokoswasser, halb Kokoscreme zubereitet – das Ergebnis schmeckt nicht weniger umwerfend. Nuss-, Hafer- und Kokosmilch eignen sich auch sehr gut.

FÜR 2–3 PERSONEN ❖ GF, MPF (ohne Kuhmilch), VEG, V (ohne Kuhmilch)

500 ml Milch nach Geschmack
10 Medjool-Datteln, entsteint
1 TL gemahlener Zimt
Das ausgeschabte Mark von 1 Vanilleschote, ersatzweise 2 TL Vanilleextrakt oder gemahlene Vanille
8–10 Eiswürfel

Alle Zutaten in einen Mixer geben und glatt mixen. In Gläser gießen und genießen.

BEEREN-SCHOKO-SMOOTHIE

Die Schokolade und die Beeren harmonieren perfekt in diesem sämig-seidigen Smoothie. Ich nehme gern Kokosmilch, weil sie für eine herrlich cremige, üppige Textur sorgt, man kann aber auch Hafer-, Nuss- oder Kuhmilch verwenden. Dieser Smoothie schmeckt wirklich so gut, dass man kaum glauben kann, dass er gesund ist.

FÜR 2 PERSONEN ❖ GF, MPF, VEG, V

- 1 reife Avocado, geschält und grob zerkleinert
- 220 g Beeren nach Geschmack, frisch oder tiefgekühlt
- 8 Medjool-Datteln, entsteint
- 500 ml Kokosmilch
- 40 g hochwertiges ungesüßtes Kakaopulver
- 2 EL Kakaosplitter zum Anrichten (nach Belieben)

Die Avocado schälen, entkernen und das Fruchtfleisch in grobe Stücke schneiden.

Die Avocado zusammen mit 150 g Beeren, den Datteln, der Kokosmilch und dem Kakao in einen Mixer geben und alles zu einem sämigen Drink pürieren.

Den Smoothie in Gläser gießen, mit den restlichen Beeren garnieren und mit Kakaosplittern bestreuen.

BIRNEN-GURKEN-INGWER-SAFT

Dieser erfrischende Saft schmeckt süß und leicht und kann nach Geschmack mit Eiswürfeln getrunken werden. Ingwer wirkt entgiftend, stärkt das Immunsystem und hilft bei Unwohlsein und Magenbeschwerden.

FÜR 2 PERSONEN ❖ GF, MPF, VEG, V

- ½ Bund glatte Petersilie
- 1 daumengroßes Stück frischer Ingwer
- 2 Birnen
- 1 Minigurke
- 3 Äpfel

Die Petersilie waschen und grob zerpflücken, den Ingwer schälen. Alle Zutaten in einen elektrischen Entsafter geben und entsaften. Ersatzweise die Zutaten mit 500 ml Wasser in einem Mixer sehr fein pürieren (etwa 1 Minute), dann den Saft durch ein feinmaschiges Sieb in einen Krug abseihen.

Den Saft in Gläser füllen und ganz frisch genießen.

SAFT AUS ROTER BETE, ÄPFELN UND ACAI-BEEREN

Durch das Acai-Beeren-Pulver bekommt dieser gesunde Saft eine Extradosis Antioxidantien, Vitamine und Mineralien.

FÜR 2 PERSONEN ❖ GF, MPF, VEG, V

- 1 Rote Bete
- 3 Äpfel
- 2 TL Acai-Beeren-Pulver

Die Rote Bete putzen und schälen. Die Rote Bete und die Äpfel in einem elektrischen Entsafter entsaften oder in grobe Stücke schneiden, mit 750 ml Wasser in einen Mixer geben und in etwa 1 Minute sehr fein pürieren. Den Saft durch ein feinmaschiges Sieb in einen Krug abseihen.

Den Saft in zwei Gläser gießen und je 1 TL Acai-Beeren-Pulver in jedes Glas rühren.

Nach Geschmack einige Eiswürfel hineingeben und sofort genießen, solange der Saft noch ganz frisch ist.

GRUND-REZEPTE

Auf den folgenden Seiten stelle ich Ihnen eine Sammlung einfacher Grundrezepte vor, die in meinem Küchenalltag häufig zum Einsatz kommen. Dazu gehört das ganze Spektrum von hausgemachten Brühen über Ghee und Nussmilch bis hin zu roh gerührter Konfitüre mit Chia-Samen und honiggesüßtem Lemon Curd. Diese hausgemachten Köstlichkeiten sind, wie ich finde, den Supermarktprodukten geschmacklich haushoch überlegen, und überdies weiß ich genau, dass sie so natürlich und vollwertig wie irgend möglich sind. Die Rezepte dienen auch als Bausteine für zahlreiche leckere Mahlzeiten.

HAUSGEMACHTE FLEISCHBRÜHE

Zu Beginn jeder Woche bereite ich einen großen Vorrat an Fleischbrühe zu. Eine langsam gekochte Fleischbrühe enthält viele Vitamine und Mineralien und ist sehr gesund. Für die Zubereitung dieser herrlichen Brühe, die bei vielen Gerichten für einen tollen Geschmack sorgt, können Knochen vom Rind, Schwein oder Huhn verwendet werden. Gerne benutze ich hierfür übrig gebliebene Knochen von gebratenem Fleisch, sie sorgen für ein intensives Aroma. Gemüse und Kräuter können nach Lust und Laune dazugegeben werden.

FÜR 3–4 LITER ❖ GF, MPF (ohne Ghee und Butter)

- 2–3 Möhren
- 2–3 Selleriestangen
- 1 Fenchelknolle
- 1 Lauchstange, nur das Weiße
- 1 Knoblauchknolle
- Knochen von 1 großen Bio-Suppenhuhn oder 1 kg Rinder- oder Lammknochen
- 2 EL Ghee, Butter oder Olivenöl
- 1 Handvoll Kräuter wie Thymian, Rosmarin und Salbei
- 2–3 Lorbeerblätter
- 2 TL Meersalz
- Schwarzer Pfeffer aus der Mühle

Das Gemüse putzen, waschen und in grobe Stücke schneiden. Vom Fenchel die äußere Schicht entfernen. Den Knoblauch schälen und mit der flachen Messerklinge zerdrücken.

Alle Zutaten in einen großen Suppentopf geben. So viel Wasser angießen, dass die Knochen gut bedeckt sind. Das Ganze aufkochen lassen und bei schwacher Hitze mindestens 2 Stunden köcheln lassen.

Die Brühe mit Salz und Pfeffer abschmecken und durch ein Sieb abgießen. Abkühlen lassen und anschließend in kleinere Behälter umfüllen. Die Brühe hält sich im Kühlschrank bis zu 1 Woche oder im Gefrierschrank bis zu 6 Monate.

TIPP

In einem speziellen Schongarer kann die Brühe auch über Nacht zubereitet werden. Dazu einfach alle Zutaten in den Schongarer geben, einschalten und auf niedriger Stufe 6–8 Stunden kochen.

HAUSGEMACHTE GEMÜSEBRÜHE

Während diese herrlich aromatische Brühe vor sich hin köchelt, gebe ich gerne noch eine Handvoll Kräuter und eine ganze Knoblauchknolle hinzu. Die Suppe verleiht jedem vegetarischen Gericht ein besonders intensives köstliches Aroma.

FÜR 3–4 LITER ❖ GF, MPF, VEG, V (ohne Ghee oder Butter)

- 1 große Zwiebel
- 2–3 Möhren
- 2–3 Selleriestangen
- 1 Fenchelknolle
- 1 Lauchstange
- 1 Knoblauchknolle
- 2 EL Ghee, Butter oder Olivenöl
- 1 Handvoll Kräuter wie Thymian, Rosmarin und Salbei
- 2–3 Lorbeerblätter
- 2 TL Meersalz und schwarzer Pfeffer aus der Mühle

Die Zwiebel und die Möhren schälen, die Selleriestangen waschen, von der Fenchelknolle die äußere Schicht entfernen. Die Lauchstange putzen und waschen. Die Knoblauchknolle in Zehen zerlegen und diese schälen. Das ganze Gemüse grob hacken.

Das Ghee oder ein anderes Fett in einem großen Suppentopf erhitzen und das Gemüse darin 10 Minuten anbraten, bis alles weich und leicht gebräunt ist. Die restlichen Zutaten dazugeben. Etwa 4 l Wasser angießen, das Ganze aufkochen und bei schwacher Hitze mindestens 2 Stunden köcheln lassen, ruhig auch länger. Bei Bedarf Wasser nachgießen.

Am Ende der Kochzeit die Brühe abschmecken und nach Belieben durch ein Sieb abgießen. Abkühlen lassen und anschließend in kleinere Behälter umfüllen. Die Brühe hält sich im Kühlschrank bis zu 1 Woche, im Gefriergerät bis zu 6 Monate.

TIPP

In einem Schongarer kann die Brühe auch über Nacht zubereitet werden. Dazu einfach alle Zutaten in den Schongarer geben, einschalten und auf niedriger Stufe 6–8 Stunden garen.

EINFACHE BASILIKUM-KNOBLAUCH-TOMATENSAUCE

Diese sämig-saftige und durch das Basilikum leicht süßliche Tomatensauce findet als Basiszutat in vielen meiner Rezepte Verwendung. Sie ist leicht herzustellen – einfach alle Zutaten in einen Topf geben und so lange köcheln, bis sie doppelt so lecker riecht.

FÜR 1 LITER ❖ GF, MPF, VEG, V

5 Knoblauchzehen
3 Dosen Tomaten (à 400 g), stückig oder ganz
2 Handvoll Basilikumblätter, grob gehackt
Meersalz und schwarzer Pfeffer aus der Mühle

Die Knoblauchzehen schälen und grob hacken. Den Knoblauch, die Tomaten und das Basilikum in einen großen Topf geben, Meersalz und frisch gemahlenen schwarzen Pfeffer dazugeben und alles gut verrühren.

Die Sauce aufkochen lassen, dann bei schwacher Hitze zugedeckt 25–30 Minuten köcheln lassen, bis sie schön dickflüssig ist.

Die Tomatensauce abkühlen lassen, in ein sauberes Einmachglas abfüllen und bis zur Verwendung an einem kühlen Ort aufbewahren. Im Kühlschrank hält sie sich bis zu 1 Woche.

HAUSGEMACHTES GHEE

Ghee (auch Butterschmalz oder geklärte Butter) ist eine aromatische Variante der normalen Butter und zeichnet sich durch eine feine, nussige Note aus. In der ayurvedischen Medizin findet Ghee seiner gesundheitsfördernden Eigenschaften wegen schon seit Jahrhunderten Verwendung. Ghee lässt sich stärker und über eine längere Zeit erhitzen als normale Butter oder Öl. Daher ist es ratsam, immer ein kleines Glas Ghee zur Hand zu haben, um beispielsweise ein Rührei zu machen oder Fleisch, Fisch und Gemüse anzubraten. Es eignet sich sogar zum Verfeinern eines Pürees.

FÜR ETWA 350 ML ❖ GF, VEG

500 g Bio-Butter

Die Butter in einem Topf auf niedriger Stufe zerlassen und bei schwacher Hitze 4–5 Minuten köcheln lassen, bis Schaum an die Oberfläche steigt. Achtung, die Butter könnte spritzen!

Wenn die Butter aufhört zu brutzeln und sich kein Schaum mehr bildet, den Topf von der Kochstelle nehmen und den Schaum mit einem Löffel abschöpfen. Wann das Ghee fertig ist, lässt sich auch an seinem nussigen Duft erkennen.

Ein Sieb mit einigen Lagen Mulltuch (Seihtuch) auslegen und über eine hitzefeste Schüssel oder ein Einmachglas legen. Das Ghee vorsichtig durch das Sieb gießen. Dabei werden die festen Bestandteile herausgefiltert.

Das Ghee hält sich in einem sauberen Glas an einem lichtgeschützten Ort bis zu 3 Monate und im Kühlschrank bis zu 1 Jahr.

DIE ALLERBESTE SENF-VINAIGRETTE

Diese einfache Vinaigrette macht sich hervorragend als Salatdressing und schmeckt auch toll zu Ofengemüse und Fleisch. Sie ist geschmacklich fein ausgewogen – ein leicht säuerlicher Kick durch den Balsamessig und dazu eine feine Knoblauchnote. Experimentieren Sie einfach mit den Zutaten, bis das Rezept genau Ihren Vorstellungen entspricht. Veganer oder Vegetarier können die Worcestersauce weglassen.

FÜR ETWA 220 ML ❖ GF, MPF

1 Knoblauchzehe
125 ml natives Olivenöl extra
80 ml Balsamessig
1 EL Dijonsenf
2 TL Worcestersauce
Meersalz und schwarzer Pfeffer aus der Mühle

Die Knoblauchzehe schälen und fein hacken. Alle Zutaten mit einer großzügigen Prise Salz und Pfeffer in ein sauberes Schraubglas geben. Das Glas fest verschließen und gut schütteln.

Die Vinaigrette abschmecken. Sie hält sich in einem sauberen Glas im Kühlschrank etwa 2 Wochen, schmeckt allerdings bei Zimmertemperatur am besten.

PESTO AUS SPINAT, ZITRONENZESTEN UND CASHEWKERNEN

Dies ist eine einfache und doch köstliche käsefreie Variante des klassischen Pestos mit nährstoffreichen Cashewkernen anstelle des üblichen Parmesans. Unter einen frischen Salat gemischt ist es eine echte Delikatesse, aber auch eine prima Ergänzung zu gebackenem Gemüse, Fisch oder Huhn.

FÜR ETWA 350 ML ❖ GF, MPF, VEG, V

- 1 Handvoll glatte Petersilie oder Basilikum
- 1 Handvoll frischer Spinat
- 2 Knoblauchzehen
- 80 g Cashewkerne
- 125 ml natives Olivenöl extra
- Schale und Saft von 1 unbehandelten Zitrone
- Meersalz und schwarzer Pfeffer aus der Mühle

Das Basilikum und den Spinat waschen und trocken schütteln. Die Knoblauchzehen schälen.

Alle Zutaten mit einer großzügigen Prise Meersalz und frisch gemahlenem schwarzem Pfeffer in einer Küchenmaschine oder mit dem Pürierstab zerkleinern, bis das Pesto die gewünschte Konsistenz hat. Abschmecken und bis zur Verwendung in einem sauberen Glas mit Schraubverschluss kalt stellen.

Das Pesto hält sich im Kühlschrank bis zu 1 Woche.

FRISCHKÄSE AUS JOGHURT

Dieser unglaublich einfach herzustellende Frischkäse ist sahnig und ein wenig herb im Geschmack und eignet sich sowohl für herzhafte als auch für süße Gerichte. Er schmeckt wunderbar mit Honig und frischen Früchten, kann aber genauso gut mit beliebigen Kräutern und Gewürzen kombiniert werden. Ich selbst würze ihn gerne mit Thymian und Zitronenschale.

FÜR ETWA 250 G ❖ GF, VEG

500 g Naturjoghurt (3,5 % Fettgehalt)
Etwas Meersalz

Ein Sieb mit zwei feinporigen Mulltüchern (Seihtüchern) auslegen und über eine große Schüssel legen.

Den Joghurt auf das Tuch geben und mit einer kräftigen Prise Meersalz bestreuen. Die Ecken des Stoffs zu einem geschlossenen Beutel verdrehen. Dann einen kleinen Teller auflegen und diesen mit einer Konservendose oder Ähnlichem beschweren.

Das Ganze über Nacht in den Kühlschrank stellen. Je länger der Joghurt steht, desto mehr Flüssigkeit tropft ab und desto trockener wird der Käse.

Der Käse hält sich in einem sauberen Glas im Kühlschrank bis zu 2 Wochen.

KNOBLAUCH-ZITRONEN-AÏOLI

Mit ihrem herrlichen Hauch von Knoblauch und dem Kick der Zitrone verzaubert diese gehaltvolle Aïoli viele Gerichte. Ich liebe sie besonders zu knusprig gebackenem Ofengemüse.

FÜR ETWA 300 G ❖ GF, MPF, VEG

2 große frische Eier (zimmerwarm)
2 Knoblauchzehen
Zesten und Saft von 1 unbehandelten Zitrone
Etwas Meersalz und schwarzer Pfeffer aus der Mühle
250 ml fruchtiges Olivenöl

Die Eier trennen. Den Knoblauch schälen und grob hacken.

Die Eigelbe, den Knoblauch und die Zitronenzesten sowie eine Prise Salz und Pfeffer in eine Rührschüssel geben und mit den Schneebesen des elektrischen Handrührgeräts verrühren, bis die Eimasse eine sahnige Konsistenz aufweist. Das Olivenöl unter ständigem Rühren erst tropfenweise, dann in dünnem Strahl einlaufen lassen lassen. Die Aïoli ist fertig, wenn das gesamte Öl verbraucht ist und die Konsistenz der einer sämigen Mayonnaise entspricht.

Zuletzt den Zitronensaft unter die Aïoli rühren und das Ganze feinwürzig abschmecken.

Die Aïoli hält sich im Kühlschrank 3–4 Tage.

GESCHLAGENE KOKOSCREME MIT HONIG

Diese milchfreie geschlagene Süßspeisengarnitur mit nur drei einfachen Zutaten ist verführerisch sahnig … und wartet nur darauf, Ihr Lieblingsdessert oder -gebäck zu verfeinern. In weniger als fünf Minuten ist die Creme bereits einsatzbereit, allerdings muss man schon einige Stunden zuvor, am besten am Vorabend, an die Vorbereitung denken.

FÜR 500 ML ❖ GF, MPF, VEG, V (ohne Honig)

- 2 Dosen Bio-Kokosmilch (à 400 ml)
- 1 EL Honig, Ahorn- oder Agavensirup
- Das ausgeschabte Mark von 1 Vanilleschote, ersatzweise 1 TL Vanilleextrakt oder gemahlene Vanille (nach Belieben)

Die Dosen mit der Kokosmilch mindestens 6 Stunden vor der Verwendung, am besten über Nacht, in den Kühlschrank stellen, sodass sich der fetthaltigere, sahnige Teil von der dünnen Milch trennt.

Die Dosen so wenig wie möglich bewegen und auf keinen Fall schütteln, wenn sie aus dem Kühlschrank geholt werden. Vorsichtig öffnen und mit einem Löffel die sahnige Creme, die sich oben abgesetzt hat, abschöpfen und in eine Rührschüssel geben. Die Menge dieser Kokossahne kann von Hersteller zu Hersteller variieren, aber normalerweise kann man von jeder Dose etwa die Hälfte verwenden. Die restliche dünnere Kokosmilch kann später in einem Smoothie verwendet werden.

Den Honig und, wenn verwendet, die Vanille, zur Kokossahne geben. Alles mit einem Schneebesen kräftig in etwa 5 Minuten zu einer dicken und luftigen Creme aufschlagen. Diese hält sich im Kühlschrank bis zu 1 Woche.

HONIG-NUSSCREME MIT MEERSALZ

Diese gehaltvolle Nusscreme ist die perfekte Mischung aus süß und herzhaft, cremig und kernig. Mit Vanille, Zimt oder Muskatnuss lässt sie sich gut verfeinern. Hat man diese Nusscreme einmal ausprobiert, wird man den entsprechenden Fertigprodukten keine Träne nachweinen.

FÜR ETWA 350 G ❖ GF, MPF (ohne Ghee oder Butter),
VEG, V (ohne Honig, Ghee oder Butter)

300 g Bio-Nüsse
2 EL Honig, Ahorn- oder Agavensirup
1 TL Meersalz
2 EL natives Kokosfett, Ghee, Butter oder Olivenöl

Den Backofen auf 180 °C vorheizen. Ein großes Backblech mit Backpapier auslegen.

Die Nüsse, den Honig und das Meersalz in eine Rührschüssel geben und mit den Händen gründlich vermengen, sodass die Nüsse gleichmäßig überzogen sind. Dann die Nüsse in einer Schicht auf dem Backblech verteilen und im heißen Ofen in 10–15 Minuten goldgelb backen. Aus dem Ofen nehmen und abkühlen lassen.

Die Nüsse mit einem Zerkleinerer, z. B. einer Moulinette oder einer Küchenmaschine, krümelig zerkleinern. Das Kokosfett dazugeben und alles nochmals 2–3 Minuten mixen, bis die Creme die gewünschte Konsistenz hat (ich mag sie gerne ein wenig kernig).

Die Creme abschmecken, in ein sauberes Schraubglas füllen und bis zur Verwendung an einem kühlen, lichtgeschützten Ort aufbewahren. Die Nusscreme hält sich 2–3 Monate.

ROH GERÜHRTER DATTELSIRUP

Mit seinem herrlich karamellsüßen Aroma ist dieser Sirup ein fantastisches natürliches Süßungsmittel. Er eignet sich gut zum Backen und für Smoothies oder geträufelt über Joghurt und Desserts.

FÜR 375–500 ML ❖ GF, MPF, VEG, V

160 g Medjool-Datteln
Saft von ½ Zitrone
Das ausgeschabte Mark von 1 Vanilleschote, ersatzweise 1 TL Vanilleextrakt oder gemahlene Vanille (nach Belieben)
Etwas Meersalz

Die Datteln entsteinen und zusammen mit dem Zitronensaft und, wenn verwendet, der Vanille mit einer Prise Meersalz und 125–250 ml Wasser in einen Mixer geben. Zu einem glatten Sirup verarbeiten und nach Belieben noch etwas Wasser dazugeben.

Der Sirup hält sich im Kühlschrank bis zu 3 Wochen.

MIT KRÄUTERN EINGELEGTE SALZZITRONEN

Durch das Einlegen verlieren die Zitronenschalen ihren bitteren Geschmack. Diese Zitronen schmecken köstlich zu Huhn und Fisch, zu angebratenem Gemüse oder als Zutat zu selbst gemachter Kräuterbutter.

FÜR 6–8 EINGELEGTE ZITRONEN ❖ GF, MPF, VEG, V

- 65 g Meersalz, eventuell auch mehr
- 6–8 Bio-Zitronen, ohne Stiel
- 1 große Handvoll frische Kräuter wie Minze, Thymian, Rosmarin oder Petersilie
- Etwas frisch gepresster Zitronensaft zusätzlich, falls benötigt

2 EL Salz auf den Boden eines etwa 1 Liter fassenden, sauberen Einmachglases geben. Bei den Zitronen am Stielende 1–2 cm von der Spitze abschneiden. Jede Frucht von oben bis fast ganz nach unten einschneiden, aber ohne sie durchzuschneiden, sie sollen am Boden noch verbunden sein. Dann die Zitronen um 90° drehen und noch einmal auf dieselbe Weise einschneiden, sodass sie nun geviertelt sind, aber noch zusammenhängen.

Die Zitronenviertel auseinanderspreizen, die Früchte innen und außen großzügig mit Salz bestreuen und im Wechsel mit den Kräutern in das Glas schichten. Die Zitronen dabei fest nach unten drücken, um etwas Saft auszupressen. Das Glas vollständig mit Zitronen füllen, dabei darauf achten, dass sie mit Zitronensaft bedeckt sind. Nötigenfalls weiteren Zitronensaft dazugießen. Abschließend das ganze mit einigen Esslöffeln Salz bestreuen.

Das Einmachglas gut verschließen, und die Zitronen bei Zimmertemperatur 2–3 Wochen lagern. Währenddessen das Glas hin und wieder umdrehen.

Zur Verwendung jeweils eine Zitrone aus dem Glas nehmen und das Salz leicht abspülen. Ich verwende meistens gleich eine ganze Zitrone. Für kleinere Portionen schneidet man einfach ein entsprechendes Stück ab und drückt das verbleibende Stück zurück in die salzige Flüssigkeit. Das Fruchtfleisch entfernen und die Schale in dünne Scheiben oder Würfel schneiden.

Die Zitronen halten sich im Kühlschrank bis zu 1 Jahr.

ROH GERÜHRTE KONFITÜRE MIT CHIA-SAMEN

Diese Konfitüre muss nicht gekocht werden und steht in fünf Minuten auf dem Tisch. Das Tolle ist, dass sie keinerlei raffinierten Zucker enthält. Das Geheimnis sind die Chia-Samen. Abgesehen davon, dass sie mit ihrem Nährstoffgehalt ein wahres »Superfood« sind, quellen sie in Flüssigkeit auf und sorgen für eine geleeartige Konsistenz. Die Konfitüre kann wie jede andere Fruchtkonfitüre auf Brot oder mit Joghurt gegessen werden und lässt sich auch zum Backen verwenden. Bei diesem Rezept lässt sich wunderbar mit unterschiedlichen Beeren und Früchten experimentieren.

FÜR ETWA 400 G ❖ GF, MPF, VEG, V (ohne Honig)

- 250 g Früchte, frisch oder tiefgekühlt, zerkleinert
- 2 EL Honig, Ahorn- oder Agavensirup (nach Belieben)
- 30 g Chia-Samen

Die Früchte mit 60 ml Wasser und dem Honig oder Sirup in einem Mixer oder mit dem Pürierstab grob pürieren.

Die Masse dann in ein sauberes Einmachglas geben und die Chia-Samen sorgfältig untermischen, sodass sie gleichmäßig in der Fruchtmasse verteilt sind.

Die Konfitüre mindestens 1 Stunde im Kühlschrank ziehen lassen. Gekühlt hält sie sich 2–3 Wochen.

HAFERMILCH

Diese hausgemachte Hafermilch hat eine seidig-glatte Konsistenz und schmeckt leicht nussig. Sie ist wunderbar sahnig und daher eine gute Alternative zu tierischer Milch. Besonders lecker wird sie durch die Zugabe von etwas Honig, Zimt, Kakao oder Vanille.

FÜR ETWA 1 LITER ❖ GF, MPF, VEG, V

4–6 Medjool-Datteln
25 g Haferflocken
1 l gefiltertes Wasser
1 kleine Prise Meersalz

Die Datteln entkernen und über Nacht in Wasser einweichen. Die Haferflocken getrennt davon ebenfalls über Nacht in Wasser einweichen.

Die Haferflocken und das Dattelmus in ein Sieb abgießen, mit den übrigen Zutaten in einen Mixer geben und glatt pürieren.

Die Milch 1 Stunde ziehen lassen. Dann durch ein feines Sieb passieren und in ein Einmachglas füllen. Dieser Schritt kann zwei oder drei Mal wiederholt werden, um alle Getreidereste herauszufiltern.

Die Milch hält sich im Kühlschrank 4–5 Tage. Die Milch vor der Verwendung gut schütteln, da sie sich absetzt.

TIPP

Wenn Ihnen Abfallvermeidung am Herzen liegt, dann verwerten Sie die körnigen Reste einfach in einem Kuchen- oder Muffinteig.

NUSSMILCH

Und hier noch eine weitere milchfreie Alternative, die köstlich cremig und reich an Nährstoffen ist. Ich habe diese Milch schon mit Mandeln, Cashew-, Haselnuss- und Paranusskernen zubereitet – jede Variante davon schmeckt ausgezeichnet.

FÜR ETWA 1 LITER ❖ GF, MPF, VEG, V

6 Medjool-Datteln
300 g ungeröstete Nusskerne
1 l gefiltertes Wasser

Die Datteln entkernen und über Nacht in Wasser einweichen. Die Nüsse getrennt davon ebenfalls über Nacht in Wasser einweichen.

Die Datteln und die Nüsse in ein Sieb abgießen, mit dem gefilterten Wasser in einen Mixer geben und so lange mixen, bis die Nüsse vollständig zerkleinert sind.

Die Nussmilch etwa 30 Minuten stehen lassen, dann durch ein feines Sieb in ein sauberes Einmachglas abseihen. Die Milch hält sich im Kühlschrank 2–3 Tage.

TIPP

Wenn Ihnen Abfallvermeidung am Herzen liegt, dann verwerten Sie die Nussreste einfach in einem Kuchen- oder Muffinteig.

KOKOS-KARAMELL-SAUCE

Eine wunderbar sämige, cremige, aber auch streichbare Köstlichkeit, die auf natürliche Weise gesüßt ist – ideal zum Bestreichen von Kuchen, Füllen von Keksen, als Garnitur über Desserts und natürlich auch einfach zum Naschen!

FÜR 500 ML ❖ GF, MPF, VEG, V (ohne Honig)

400 ml Kokoscreme
175 g Honig oder 125 ml Ahorn- oder Agavensirup
Etwas Meersalz

Die Kokoscreme, den Honig und eine Prise Meersalz in einem kleinen Topf gut verrühren und auf mittlerer Stufe erhitzen.

Aufwallen lassen, dann bei schwacher Hitze 20–30 Minuten leise weiterköcheln lassen, bis die Mischung eine schöne goldgelbe Karamellfarbe hat. Gegen Ende der Kochzeit häufig umrühren, denn die Sauce brennt leicht an.

Die Sauce vom Herd nehmen und leicht abkühlen lassen. Etwa 1 Minute lang mit dem Schneebesen kräftig rühren, bis die Sauce sämig wird, dann in ein sauberes Einmachglas füllen und bis zum Verbrauch kalt stellen. Die Sauce hält sich im Kühlschrank etwa 1 Woche.

LEMON CURD

Diese himmlisch glatte und sahnige Zitronencreme ist frei von Milchprodukten und enthält nur gesunde und vollwertige Zutaten. Ob als feine Ergänzung zu Eiscreme, Joghurt oder Schlagsahne, als Garnitur für den Lieblingskuchen, für Pfannkuchen oder sonstige Desserts … die Verwendungsmöglichkeiten sind schier endlos.

FÜR 350 ML ❖ GF, MPF (ohne Butter), VEG

- 80 ml natives Kokosfett extra oder Butter
- 4 EL Honig, Ahorn- oder Agavensirup
- 4 Eier, leicht verquirlt
- 125 ml frisch gepresster Zitronensaft, das entspricht etwa 5 Zitronen

Das Kokosfett mit dem Honig in einem kleinen Topf bei mäßiger Hitze schmelzen und gut verrühren, dann von der Kochstelle nehmen und abkühlen lassen.

Die Eier und den Zitronensaft dazugeben und alles gründlich verquirlen.

Bei schwacher Hitze weitere 2–3 Minuten unter Rühren erwärmen, bis die Creme schön angedickt ist und kleine Blasen an die Oberfläche steigen. Vorsichtig in ein sauberes Einmachglas füllen und bis zum Verbrauch kalt stellen.

Der Lemon Curd hält sich im Kühlschrank bis zu 1 Woche.

REGISTER

Kursiv gedruckte Seitenzahlen beziehen sich auf Fotos.

D

E

F

G

H

I

J

K

L

M

V

W

Y

Z

Danke an meinen wunderbaren Ehemann und meine beiden tollen Kinder. Izabella und Obi, ihr inspiriert mich jeden Tag aufs Neue. Nichts macht mir mehr Freude, als nahrhaftes und gesundes Essen für euch zuzubereiten.

Valentin, du bist mein Fels in der Brandung, mein bester Freund und stehst mir als Ehemann so unerschütterlich zur Seite, wie ich es mir besser nicht hätte wünschen können. Ich liebe dich mehr, als Worte sagen können.

Danke an meine wunderbare Familie und meine Freunde – da sind einfach zu viele, um allen einzeln zu danken. Ihr habt mich liebevoll unterstützt, ermutigt und beraten. Danke, dass ihr da wart, wenn ich euch brauchte. Ihr seid umwerfend, und ich liebe euch alle.

Dem hervorragenden Team von Murdoch Books möchte ich ganz besonders dafür danken, das Potenzial in mir und diesem tollen Buch erkannt zu haben. Ich fühle mich geehrt, dass ich mit euch allen arbeiten durfte. Es war für mich eine große Freude.

Ein besonderes Dankeschön auch an meine Blog-Leser. Eure Unterstützung und euer positives Feedback waren unglaublich wertvoll, und ohne euch alle wäre dieses Buch nicht zustande gekommen.

Ganz herzliche Grüße, ich umarme euch alle.

Titel der Originalausgabe: *MY PETITE KITCHEN COOKBOOK. SIMPLE WHOLEFOOD RECIPES*
Erschienen bei Murdoch Books, ein Imprint von Allen & Unwin, Australien 2014

Murdoch Books Australia
83 Alexander Street
Crows Nest NSW 2065
www.murdochbooks.com.au

Verleger: Corinne Roberts
Fotografie und Styling: Eleanor Ozich
Redaktion: Katy Holder
Lektorat: Katri Hilden
Designer: Katy Wall
Editorial Manager: Claire Grady
Design Manager: Hugh Ford
Herstellung: Karen Small

Die Bilder auf den Seiten 6, 133, 152, 153 und 227 stammen von Gem Adams.

Deutsche Erstausgabe

Ein Unternehmen der La Martinière Groupe

Umschlaggestaltung: Leonore Höfer, Knesebeck Verlag
Lektorat, Satz und Herstellung: VerlagsService Dr. Helmut Neuberger & Karl Schaumann GmbH, Heimstetten
Übersetzung : Claudia Theis Passaro und Annegret Hunke-Wormser

Druck: Hang Tai Printing Company Limited, China.
Printed in China

ISBN 978-3-86873-730-1

www.knesebeck-verlag.de

Wichtig: Personen mit erhöhter Anfälligkeit für Salmonellenvergiftungen (ältere Menschen, Schwangere, Säuglinge und Kleinkinder oder Menschen mit Immunschwächeerkrankungen) sollten Gerichte meiden, die mit rohen Eiern zubereitet wurden, oder vor dem Genuss ihren Arzt konsultieren.

Backofentemperaturen: Die Backzeiten können von Ofen zu Ofen variieren. Die Temperaturangaben in den Rezepten beziehen sich auf einen Umluftofen. Bei einem herkömmlichen Ofen die Temperatur um 20 °C erhöhen.

Die Esslöffelangaben beziehen sich auf einen 20-ml-Messlöffel. Bei Verwendung eines herkömmlichen Esslöffels (15 ml), fügen Sie bitte zusätzlich zur angegebenen Menge noch 1 Teelöffel der Zutat hinzu.